頤齋詩選

이재 시선 2

지만지한국문학의 〈지역 고전학 총서〉는
서울 지역의 주요 문인에 가려 소외되었던
빛나는 지역 학자의 고전을 발굴 번역합니다.
'중심'과 '주변'이라는 권력에서 벗어나
모든 지역의 문화 자산이 동등한 대우를 받을 수 있도록 합니다.
지역 학문 발전에 이바지한 지역 지식인들의 치열한 삶과 그 성과를 통해
새로운 지식 지도를 만들어 나갑니다.

지역 고전학 총서

頤齋詩選
이재 시선 2

황윤석(黃胤錫) 지음

이상봉 옮김

대한민국, 서울, 지만지한국문학, 2024

편집자 일러두기

- 이 책은 한국정신문화연구원에서 1994년에 발간을 시작해서 2002년에 완간한 황윤석의 《이재난고》(1~8책)를 원전으로 삼아 번역했습니다.
- 이 책은 《이재난고》의 전체 한시 작품 1630여 제(題) 중 100제를 골라 옮겼습니다.
- 작품의 배열은 원전을 따랐습니다.
- 주석과 해설은 모두 독자의 이해를 돕기 위해 옮긴이가 작성한 것입니다.
- 한글에 한자를 병기할 때 괄호 안의 말과 바깥 말의 독음이 다르면 [ ]를 사용하고, 번역어의 원문을 표시할 때는 ( )를 사용했습니다. 또 괄호가 중복될 때에도 [ ]를 사용했습니다.
- 중국의 인명과 지명은 신해혁명을 기준으로 과거의 것은 한자 독음으로 표기하고 현대의 것은 국립국어원의 중국어 표기법에 따라 표기했습니다.

〈지역 고전학 총서〉를 펴내며

　고전은 시간과 공간에 의해 1차적으로 규정을 받으며, 지금 이곳을 우리에게 의미 있는 메시지로 전달할 수 있는 텍스트를 말한다. '고전'은 역사적으로 상대적인 개념이므로, 고정불변의 권위를 특별히 갖지는 않는다. 보편성을 갖는다고 여겨지는 텍스트들의 경우, 그것이 고전이라 일컬어지는 것은 여전히 지금 여기의 문제를 논의하는 데에 유용하기 때문이다. 그 이상도 이하도 아니다. 이를테면 《논어》가 고전일 수 있는 이유는 '공자의《논어》'라서가 아니라 지금 이곳을 위해《논어》속 지혜가 필요하기 때문이며,《사기》를 읽어야 한다는 것도 '사마천의《사기》'라서가 아니라 지금 이곳을 살아가는 인간의 문제를 이해하는 데 중요한 시사점을 제공하기 때문이다. '고전 목록'이 시기별, 주제별로 제작되어야 하는 이유가 바로 여기에 있다.

　그런 점에서 고전은 철저하게 '지역'에 복무한다. 지역은 지금 이곳의 다른 말로서, 시간과 공간으로 규정되는 인간의 삶 자체를 뜻한다. '지역'을 특정 공간으로 한정해선 안 되는 이유가 바로 여기에 있다. 또한 '지역'을 중심과 상대되는 주변으로 환치해서도 안 된다. 중심도 지역이요, 주변도 지역이기 때문이다. 우리는 '지역'을 인간의 삶이 실질적으로 구현되는 장소, 시간과 공간의 좌표에 의해 구분되는 인간적, 인문적 영역으로 이해한다. 곧 특정한 장소는 상상의 중심에 의해 주변화한 곳이 아니라, 그 자체로 하나의 시간과 공간에 의해 규정된 사람들의 삶 자체를 의미하는 것이다.

따라서 '지역'에서 생산된 텍스트, 특히 한문 고전은 무엇이든 의미가 있다. 모두 특정 주체들의 이성과 감성을 함유하고 있기 때문이다. 특히 한문 고전을 주목하는 이유는 그 안에 우리 전통의 삶이 지혜로 녹아 있기 때문이다. 지역은 한글이 일상어가 된 근대 이후에도 한문 고전을 생산하고 있었다. 우리는 이 지점도 주목한다. 지역의 한문 고전은 바로 얼마 전까지만 해도 우리 삶을 보여 주는 텍스트였던 것이다. 우리가 '지역'과 '고전'을 하나로 붙이고, 지역의 모든 인문적, 인간적 생산물을 주목하는 것은 바로 이 때문이다.

그러나 '지금 이곳'의 다른 말로 '지역'을 주목하고, '이곳'에서 생산된 한문 고전을 텍스트로 읽고자 하는 데에는 더욱 중요한 사고가 바탕을 이루고 있다. 바로 인간의 생명 그 자체를 존중하고 평등하게 대하는 태도다. 살았던 것/살아온 것/살아갈 것은 모두 존중받을 필요가 있으며, 이들에 의해서 생성된/생성되고 있는/생성될 텍스트는 모두 평등한 가치를 부여받아야 한다. 학연이든, 지연이든, 권력이든, 소용(所用)이든, 그 어떤 이유로도 생명(우리는 문헌도 하나의 생명으로 간주한다)에 대해 차별할 근거는 없다. '지역'의 편언척자(片言隻字)조차도 의미 있다고 여기는 이유가 바로 여기에 있다. 《사기》를 짓기 위해 산천을 거듭 다녔던 사마천의 마음과, 조선 팔도를 수차례 걸어 다니며 작은 구릉과 갈래 길도 세세히 살폈던 김정호의 생각을 떠올려 본다.

이제, 우리는 '지역'에서 생성된 텍스트에 생명을 불어넣고 의미를 부여하는 작업을 시작할 것이다. 그동안 이들은 '생명 없는 생명체'였으며, '고립된 외딴섬'이었다. 비록 미약하지만 이후로 하나씩 '살아 있는 생명체'가 될 수 있도록 소중하게 발굴하고 겸손하게 살피고 애정으로 복원해 21세기 한국 사회의 지적 자산으로 확보하고자 한다. 그 방법은 단순하고 명쾌하다. 가까운 곳에서부터 하나씩 '고전'을 발굴하고 복원하는 것이다. 우리는 저들이 우리의 곁에 존재했건만 아직 손대지 못했음을 반성한다. 이후 복원된 생명들이 아름답게 어우러져 훌륭한 인간적, 인문적 세계를 이룰 수 있기를 기대해 본다. 많은 분들의 동참을 기다린다.

2022년 8월
지역 고전학 총서 기획 위원회

차 례

잡다한 시 여덟 수 · · · · · · · · · · · · · · · · · 3
옛날 〈사수시(四愁詩)〉를 본떠서 짓다 · · · · · · · 11
밤에 앉아 · 15
《역(易)》의 이치를 헤아린 노래 · · · · · · · · · · 17
도사(都事) 안 척숙(安戚叔)께서 부모님 뵈러 가신다기에
받들어 이별하다 · · · · · · · · · · · · · · · · · 21
대역(大易)의 노래 · · · · · · · · · · · · · · · · 24
어떤 사람의 질문에 대답하다 · · · · · · · · · · · 28
앞 시의 뜻을 거듭하면서 내 뜻을 말한다 · · · · · · 30
절구 · 33
비단 주머니 · · · · · · · · · · · · · · · · · · · 35
서당에 비 내린 뒤 계곡물 소리를 듣고 느낀 점이 있어서 37
옛 시를 본받아 · · · · · · · · · · · · · · · · · 41
마음대로 짓다 · · · · · · · · · · · · · · · · · · 44
즉흥시 · 46
12월 5일 밤 꿈에 송씨 어르신과 대화를 나누었다. 꿈에서 깬
뒤에 아련한 마음이 있었다 · · · · · · · · · · · · 49

또 · 51
입동에서 소한까지 눈이 겨우 두 번 내렸는데 게다가 많이 오
지도 않았다. 오늘은 비가 조금 내려 정말 봄날 같았다. 내년
농사가 과연 어찌 될지 모르겠다. 우선 시로 기록한다 · 54
여러 가지를 읊다 · · · · · · · · · · · · · · · · · 56
섣달그믐 나흘 전에 큰 눈이 왔다 · · · · · · · · · 65
무진년(1748) 정월 초하루 비로소 용성(龍城)으로 출발했
다. 용두산을 지나다가 아버지 말씀을 기록했으니 느낀 점이
있었기 때문이다 · · · · · · · · · · · · · · · · · 70
능암에서 자다 · · · · · · · · · · · · · · · · · · 72
운암강(雲巖江) · · · · · · · · · · · · · · · · · · 74
정오(正午)에 갈담역(葛潭驛)에서 쉬다 · · · · · · · 76
한치(寒峙)에 올라 보현봉(普賢峰)을 바라보다 · · · · 78
팔공산(八公山)을 바라보다 · · · · · · · · · · · 80
나그네 마음 · · · · · · · · · · · · · · · · · · · 83
객지에서 노 형과 헤어지고 김씨 아저씨도 돌아가시니 불편
한 마음이 멈추지 않았다. 손님 중에 취해서 장난치는 사람
이 운(韻)을 부르기에 마침내 그것으로 내 마음을 풀었다
 · 86
매화 그림 · 88
절구 · 90

다음 날 아침, 손님이 경(庚) 자 운(韻)을 차운해서 보내셨기에 또 그 운에 따라 답장으로 부쳤다 · · · · · · · · · 92
또 앞의 운을 써서 부쳐 드리다 · · · · · · · · · · · 95
손님이 또 경운(庚韻)으로 첩운(疊韻)해서 내 시에 취한 것을 놀리는 뜻이 있었다며 꾸짖기에 내가 다시 차운해서 사죄를 드렸다 · 98
또 첩운해서 부쳐 드리다 · · · · · · · · · · · · · 101
또 앞뒤의 운(韻)을 따서 지었다 · · · · · · · · · 105
또 율시 한 수로 이별하다 · · · · · · · · · · · · · 108
백씨 어르신께서 원일(元日)에 시를 지어 주셔서 거기에 첩운해서 한 편을 완성했다. 겸손함이 너무 지나치시기에 공경히 차운하면서 그런 뜻을 드러냈다 · · · · · · · · · 112
백씨 어르신께서 내가 길을 떠날 때 지어 주신 시를 받들어 차운해서 세 편의 시를 드리다 · · · · · · · · · · · 116
정월 15일에 고향의 풍속이 눈앞에 펼쳐진 것을 서술하면서 배해체(俳諧體)를 본떠 흥이 나서 짓다 · · · · · · · · 121
월식 · 126
또 이별의 운(韻)으로 부쳐 드리다 · · · · · · · · · 137
시사 감흥 · 139
밤비 속에서 앓다가 마침 아내를 꿈속에서 보고 회포를 기록하다 · 143

선포 서당 · · · · · · · · · · · · · · · 145
잡시 · · · · · · · · · · · · · · · · · · 147
편지를 대신해서 정사도에게 부치다 · · · · · · · 149
월곡(月谷) · · · · · · · · · · · · · · · · 151
정사도의 심성재(尋性齋)에서 짓다 · · · · · · · · 153
사우재(四友齋)께 드리다 · · · · · · · · · · · 155
신미년 춘축(春祝) · · · · · · · · · · · · · 157
돌아오는 길에 · · · · · · · · · · · · · · · 159
정사도에게 부치다 · · · · · · · · · · · · · · 162
달밤에 홀로 앉아 · · · · · · · · · · · · · 164
길에서 우연히 짓다 · · · · · · · · · · · · 166
정오에 정읍의 연조원에서 쉬다 · · · · · · · · · 170
해 질 무렵에 피향정을 지나다 · · · · · · · · · 172
아침에 출발해서 금구(金溝) 주막에 도착했고, 정오에 이성가(伊城街)에서 쉬다 · · · · · · · · · · · · · · · 174
아침에 출발해서 여현(礪峴)을 지나다 · · · · · · 176
정오에 은진 주막에서 쉬다. 사교와 초포교를 지나 미륵을 바라보다가 그대로 이산(尼山)으로 향하다 · · · · · 178
금강에 도착하다. 강의 남쪽 언덕에 제승루가 있다 · · 180
오후 4시쯤에 궁원 아래 주막에서 말을 먹이다 · · · · 182
척수루(滌愁樓)에 올라 · · · · · · · · · · · · 184

9월 4일 아침에 출발해서 소사(素沙)를 지나다 ··· 186
갈원(葛院)에 도착해서 아침을 먹다 ········ 188
9월 5일 아침에 출발해서 사기천을 지나 갈산 주막을 거쳐 과천 주막에 도착해 아침을 먹다 ·········· 190
재동에 머물 때 잠 못 들어 구점(口占)으로 안성능 아저씨께 드렸다 ····················· 192
우연히 쓰다 ··················· 194
9월 27일 날이 밝은 뒤에 천천히 가서 소사교 주막에 도착해 아침을 먹었다. 마침 비가 오려는 듯해서 갈 길이 염려되었다. 주막 곁 높은 구릉에 잠곡 김 상공의 대동비(大同碑)가 있었다. 이민구 찬술에 오준의 글씨로 순치(順治) 16년에 세웠다. 바로 조선 효종 10년 기해(1659)다 ······ 196
9월 28일 새벽 3시경에 천안을 출발해서 20리를 가자 그믐달이 비로소 나왔다 ················ 198
9월 30일 일찍 밥을 먹고 길을 떠나면서 종이를 찾아 얼른 써서 김호숙에게 주었다 ·············· 200
10월 1일 아침에 출발해서 두죽호 옆에서 밥을 먹고, 금구에 도착해서 말을 먹였다 ·············· 202
절구(絕句) ··················· 204
머무는 곳이 바로 서석산과 마주하고 있어서 시를 지었다
 ······················ 206

절을 떠나 월곡으로 향하며 · · · · · · · · · · · · · 208
느낀 점을 여러 가지로 표현하다 · · · · · · · · · · 210
마음대로 노래하다 · · · · · · · · · · · · · · · · · 212
설산에서 여러 가지를 노래하다 · · · · · · · · · · 215
누나와 작별할 때 붓을 찾아 벽에 쓰다 · · · · · · · 218
여산을 지날 때 시를 지었다 · · · · · · · · · · · · 221
금강에서 · 223
여러 친구들이 또 찾아왔다. 양성의 신동(申童)을 만났는데 과거장에서 동접(同接)이 되기로 했다. 들건대 그의 조상은 지극히 친한 사이였고, 또 서로 왕래하면서 더욱 가까운 사람도 있었다. 절구 한 수를 써서 주었다 · · · · · · · 226
망우 고개 · 228
광릉을 지나는 도중에 미음(渼陰) 30리를 뒤돌아보며 232
성환을 지날 때 시를 지었다 · · · · · · · · · · · · 234
금광 주막의 벽에 짓다 · · · · · · · · · · · · · · 236
10월 7일 새벽에 출발했다. 삼례에서 시를 지었다 · · 239
느낀 점이 있어서 · · · · · · · · · · · · · · · · · 241
피향정의 옛 추억 · · · · · · · · · · · · · · · · · 243
밤에 앉아 · 245
또 · 249

집에 보내는 편지를 써서 고향으로 가는 사람에게 부탁하며
느낌을 썼다‧‧‧‧‧‧‧‧‧‧‧‧‧‧‧‧‧‧‧‧‧252
혼자서 쓰다‧‧‧‧‧‧‧‧‧‧‧‧‧‧‧‧‧‧‧‧‧254
흥덕동‧‧‧‧‧‧‧‧‧‧‧‧‧‧‧‧‧‧‧‧‧‧‧257
벽송정‧‧‧‧‧‧‧‧‧‧‧‧‧‧‧‧‧‧‧‧‧‧‧259
공경을 담아 미호 김원행 선생님께 드리다‧‧‧‧261
성균관에서 국화를 보고서‧‧‧‧‧‧‧‧‧‧‧‧‧265
동사생(同舍生) 유자눌이 율시 한 수를 지어 주기에 그에 답했다‧‧‧‧‧‧‧‧‧‧‧‧‧‧‧‧‧‧‧‧‧‧‧‧268
안사성에게 써 주다‧‧‧‧‧‧‧‧‧‧‧‧‧‧‧‧‧272
안사성에게 드리다‧‧‧‧‧‧‧‧‧‧‧‧‧‧‧‧‧274
노량진 나루터에서‧‧‧‧‧‧‧‧‧‧‧‧‧‧‧‧‧276
민절 서원‧‧‧‧‧‧‧‧‧‧‧‧‧‧‧‧‧‧‧‧‧‧278

해설‧‧‧‧‧‧‧‧‧‧‧‧‧‧‧‧‧‧‧‧‧‧‧‧‧281
지은이에 대해‧‧‧‧‧‧‧‧‧‧‧‧‧‧‧‧‧‧‧‧309
옮긴이 후기‧‧‧‧‧‧‧‧‧‧‧‧‧‧‧‧‧‧‧‧‧316
옮긴이에 대해‧‧‧‧‧‧‧‧‧‧‧‧‧‧‧‧‧‧‧‧318

이재 시선 2

잡다한 시 여덟 수 두보의 〈추흥(秋興)〉에 화운[1]했다.

청상곡(淸商曲)[2]이 밤낮으로 마른 숲을 흔드니
남녘의 강산에는 서리 기운 가득하네.
동쪽 별의 별빛은 자오선에 막 도달했고
순수한 땅의 시기라 음(陰)의 기운 가득하네.
차가운 꽃은 중양절의 모습 잃었지만
잎 진 나무는 내년의 마음 품었으리.
음양이 자라고 사라지는 기미(幾微)가 《역(易)》을 보는 곳이니
달빛 드는 창가에는 먼 마을의 다듬이 소리 어울리네.

삼성(參星)이 동쪽에서 비끼고 달도 절로 기울 때

---

1) 화운(和韻) : 남이 지은 시의 운자(韻字)를 써서 화답하는 시를 지음. 여기서는 황윤석이 두보의 〈추흥〉 시 여덟 수에 각각 운(韻)을 맞추어 시를 지었다는 뜻이다.
2) 청상곡(淸商曲) : 청상곡은 악부(樂府)의 가곡(歌曲) 이름으로 가을에 속하는 상성(商聲)의 맑고도 슬픈 노래를 말한다. 여기서는 가을의 소리를 청상곡이라 비유하고 있다.

그 빛이 또렷하고 별빛도 환하네.
남두성(南斗星)의 기운은 옛날 용천검(龍泉劍)3)이고
견우성(牽牛星)의 자취는 겨울 바다 나그네 뗏목이네.
줄지어 돌아오는 기러기들은 해 진 변방을 지나는데
성벽 누각 어디에서 풀피리 소리 들려오네.
어렴풋이 알겠네, 오늘 밤 선운포(仙雲浦)4)에는
맑은 달빛이 갈대꽃에 가득할 것을.

짙은 안개 답답하게 석양을 뒤덮으니
쓸쓸한 가을의 방은 더욱 희미하네.
추운 산에 달이 뜨자 맑은 아지랑이에 씻은 듯
잎 진 나무에 바람 부딪치니 자던 새는 날아가네.
좋구나, 눈 덮인 대나무 외로이 절개 지키니
상관 말자, 풀이 서리 맞아 봄기운을 어기든 말든.

---

3) 용천검(龍泉劍) : 고대의 보검 이름.
4) 선운포(仙雲浦) : 《이재유고》권2에 실린 〈송김수재익휴시(送金秀才益休詩)〉에 "우리 집에 별장이 있는데, 선운포 옆에 있다(吾家有別藏在仙雲浦上)"라는 구절이 있다. 그리고 고지도를 살펴보면 황윤석의 고향인 흥덕 서쪽으로 10리쯤 떨어진 곳에 '선운포(禪雲浦)'가 있는데 아마 '선운포(仙雲浦)'는 이곳을 가리키는 듯하다.

이후로는 강남(江南)의 경치를 얻어
점점 더 시(詩) 주머니가 날로 불룩해짐을 느끼네.

오랫동안 중국 대륙은 몇 번이나 판도가 바뀌었나?
아득하구나, 열아홉 왕조[5] 슬픔이 일어나네.
황왕(皇王)과 제패(帝伯)[6]도 눈 깜짝할 사이의 일이 되었으니,
봄여름과 가을 겨울은 스쳐 가는 시간일 뿐.
누가 알까? 중국 대륙이 오랫동안 더럽혀졌던 걸.
마침내 한탄하네, 황하(黃河) 맑아지기 더딘 것을.
하늘 동쪽의 선비 한 명이 어디에 참여할까?
길게 풍천(風泉)[7]을 읊조리다가 생각만 많아지네.

동쪽 언덕에 가을 든 뒤에 서쪽 산을 바라보니

---

[5] 열아홉 왕조 : 중국의 아주 오랜 옛날부터 원나라까지 19왕조를 말한다. 이를 요약한 《십구사략(十九史略)》이란 책이 있다.
[6] 황왕(皇王)과 제패(帝伯) : 중국 고대의 성왕(聖王)들이다.
[7] 풍천(風泉) : 《시경(詩經)》의 편명인 〈비풍(匪風)〉과 〈하천(下泉)〉을 가리키는 말이다. 이 시들은 현인(賢人)이 국가의 쇠망을 걱정하는 내용을 담고 있다.

연꽃 한 송이가 짙푸른 사이에 있었구나.
서리 맞은 바다 봉우리엔 단풍잎 한창이고
인적 없는 석실(石室)은 흰 구름에 갇혔네.
선장(仙庄)[8]에 인연 있어 낯선 나그네 편안하게 하고
상쾌한 기운은 수시로 내 얼굴 펴지게 하네.
매번 바람 쐴 때면 훌쩍 떠나고 싶어
무작정 말 머리를 몇 번이나 돌렸던가?

하늘은 차갑고 옛 나무는 다리 옆에 있으니
남쪽 나라의 시인(詩人)은 가을을 감상하네.
허전한 내 마음 누구에게 말할까?
나는 듯한 세월이 바로 나의 걱정이네.
평생 동안 책 속의 좀 벌레로 살았으니
꿈처럼 헛되게 바다 갈매기를 뒤쫓았네.
어떡해야 만 리(萬里) 바람의 기운을 얻어
남으로는 둥근 산에 닿고 북으로 요동(遼東)까지 갈까나?

---

8) 선장(仙庄) : 주로 상대방의 집을 높여 부를 때 쓴다. 하지만 여기서는 마치 신선이 살고 있을 것 같은 자신의 거주지를 가리킨다.

하늘과 땅이 어우러짐은 조화(造化)의 공(功)이고
일원(一元)9)은 우주 속에서 변화하네.
나뉘어서 수목(水木)과 금화(金火)가 되고
나아가 우레와 벼락과 비바람 되네.
소리는 궁(宮)·상(商)·각(角)·치(徵)·우(羽)로 섞이고
빛깔은 황(黃)·흑(黑)·백(白)·청(靑)·홍(紅)으로 어우러지네.
천 년 동안 이 이치를 누가 일찍이 알았던가?
깊이 이천(伊川)의 격양옹(擊壤翁)10)을 추앙하네.

뚜렷하게 큰 강은 멀리 굽어 흐르고
달빛 비추자 산 그림자는 미나리깡에 잠겼네.
또 알겠네, 하늘이 부용꽃을 깎았으니

―――
9) 일원(一元) : 사물의 시작. 세상의 시작.
10) 격양옹(擊壤翁) : 《격양집(擊壤集)》의 저자인 송나라의 소옹(邵雍)을 가리킨다. 그는 선천학(先天學)을 창시하고 만물은 모두 태극(太極)에서 말미암아 변화 생성된다고 주장했다. 《황극경세서(皇極經世書)》 62편을 지어 천지간 모든 현상의 전개를 수리로 해석하고 그 장래를 예시하기도 했다.

응당 신선(神仙)이 계수나무 가지 쥐고 있다는 걸.
세속 너머 안개 노을 바라보다 부질없이 서러워지니
산속의 풍경은 몇 번이나 바뀌었나?
이듬해 봄 푸른 지팡이 쥐고 신선의 사다리를 오르면
저 하늘에 쏟아지는 은하수에 높이 닿으리라.

雜詩八首 和秋興

淸商日夜撼脩林, 南國江山霜氣森.
東壁光芒初正午, 純坤時候已窮陰.
寒花亦失重陽態, 落木還含來歲心.
消長一機觀易處, 月窓聲和遠邨砧.

參自東橫月自斜, 金波耿耿玉繩華.
天梁氣古龍泉劒, 牛渚痕寒海客查.
歸鴈幾行橫暮塞, 戍樓何處倚殘笳.
遙知此夜仙雲浦, 也有淸光滿荻花.

酣霧崢嶸纛落暉, 寂寥秋室轉熹微.
寒山月動晴嵐洗, 疎樹風衝宿鳥飛.
好是雪竿孤節保, 任他霜草一春違.
伊來拾得江南景, 漸覺詩囊日日肥.

萬古中原幾局棋, 茫茫十九代堪悲.

皇王帝伯須臾事,春夏秋冬閱歷時.
誰識神州百年汙,竟嗟河水一淸遲.
天東匹士曾何與,長詠風泉有所思.

東皐秋後望西山,一朶蓮花紫翠間.
霜打海岑紅葉亂,人歸石室白雲關.
仙庄有分寧生客,爽氣無時不好顏.
每遇天風欲輕擧,飄然馬首幾回班.

寒天占木水橋頭,南國騷人感素秋.
踈散襟懷欲誰語,飛騰日月卽余愁.
平生實作書中蠹,一夢虛隨海上鷗.
安得長風萬里勢,南投圓嶽北遼州.

天地絪縕造化功,一元消息太虛中.
分來水木兼金火,宣以雷霆與雨風.
聲雜宮商角徵羽,色交黃黑白靑紅.
千年此理誰曾識,深仰伊川擊壤翁.

歷歷長川遠邐迤,月明峰影蘸芹陂.
也知天削芙蓉蘂,應有仙攀桂樹枝.
世外煙霞空悵望,山中物色幾回移.
明春綠杖雲梯上,高拂星河碧落垂.

창작 시기 : 영조 23년 정묘년(1747, 19세)

출전 : 《이재난고》 1책 1권 59~60쪽, 《이재유고》 1권 17~18쪽.

작품 해설

    두보가 지은 〈추흥(秋興)〉 시 여덟 수의 운을 따서 지었다. 쉽지 않은 두보의 시를, 그것도 여덟 수나 되는 연작시의 운을 따라서 지었다는 사실에서 황윤석의 시 짓는 재능이 보통을 뛰어넘는다는 사실을 알 수 있다. 시구절마다 여러 가지 전고(典故)를 사용했기 때문에 해석이 쉽지 않다. 하지만 황윤석의 뛰어난 학식과 시적 재능, 그리고 커다란 포부를 느끼기에는 충분하다.

옛날 〈사수시(四愁詩)〉[11]를 본떠서 짓다

내가 그리워하는 건 장백산인데
가서 뒤쫓고 싶지만 얼음과 눈이 쌓여 있네.
발돋움해서 북쪽을 바라보자 눈물만 떨어지는데
선인(仙人)은 내게 용호단(龍虎丹)[12]을 주었네.
어떡해야 쌍옥환(雙玉環)으로 보답할까?
길이 멀어 가지 못해 하릴없이 배회하며
어째서 그리워하다가 마음 근심하는가?

내가 그리워하는 건 봉래산인데
가서 뒤쫓고 싶지만 바닷바람이 차다네.
발돋움해서 서쪽을 바라보자 눈물만 비껴 흐르는데

---

11) 〈사수시(四愁詩)〉: 후한(後漢) 시대에 장형(張衡)이 하간왕(河間王)의 신하로서 동서남북 사방을 바라보며 느낀 울적한 심정을 표현한 시다.
12) 용호단(龍虎丹): 《성제총록(聖濟總錄)》에 따르면 용호단은 풍(風)과 습기를 제거하고 어혈(瘀血)을 풀어 주며 경락(經絡)을 뚫어 주고 허리와 다리의 풍병(風病)을 치료하는 환약이라고 한다.

선인은 내게 파란 구림(球琳)13)을 주었네.
어떡해야 현학금(玄鶴琴)14)으로 보답할까?
길이 멀어 가지 못하고 부질없이 읊조리며
어째서 그리워하다가 마음 처량해졌나?

내가 그리워하는 건 구정봉(九井峯)15)인데
가서 뒤쫓고 싶지만 위령(葦嶺)16)이 막고 있네.
발돋움해 남쪽을 바라보니 눈물이 마구 흐르는데
선인이 내게 은근한 말을 해 주었네.
어떡해야 고운 문장으로 보답할까?

---

13) 구림(球琳) : 아름다운 옥을 가리킨다.
14) 현학금(玄鶴琴) : 거문고를 가리킨다.
15) 구정봉(九井峯) : 황윤석의 고향인 흥덕에서 남쪽에 위치하고 있는 전라도 영암 월출산의 구정봉(九井峯)을 가리키는 것으로 보인다. 이 봉우리에는 아홉 개의 웅덩이[九井]가 있다고 한다.
16) 위령(葦嶺) : 흥덕의 남쪽, 영암의 북쪽에 위치한 노령(蘆嶺)을 가리키는 것으로 보인다. 노령은 전라북도 정읍시의 입암면 등천리와 전남 장성군 북이면 원덕리를 연결하는 고개다. 호남 고속 도로 호남 터널, 노령 터널과 호남선 노령 제2터널이 관통하고 있다. 《동국여지(東國輿地志)》에 "노령의 노는 혹 위(葦)로도 쓴다. 현의 남쪽 30리에 있는데 장성현의 경계다"라고 되어 있고, 《신증동국여지승람(新增東國輿地勝覽)》에도 "위령의 위는 혹 노(蘆)로도 쓴다"라고 되어 있다.

길이 멀어 가지 못해 공연히 울적해하며
어째서 그리워하다가 마음 근심하는가?

내가 그리워하는 건 금강산인데
가서 뒤쫓고 싶지만 아득한 부상(扶桑)17)이네.
발돋움해 동쪽을 바라보니 눈물만 줄줄
선인이 내게 아름다운 나뭇가지를 주었네.
어떡해야 파란 유리(琉璃)로 보답할까?
길이 멀어 가지 못해 공연히 머뭇거리며
어째서 그리워하다가 마음 아파하는가?

擬古四愁

我所思兮在長白, 欲往從之冰雪積.
跂予北望涕垂落, 仙人贈我龍虎丹.
何以報之雙玉環, 路遠莫致空盤桓,
何爲懷思意愁酸.

我所思兮在蓬山, 欲往從之海風寒.

---

17) 부상(扶桑) : 동해에 있다고 하는 전설 속의 신목(神木)이다. 여기서는 동쪽 바다 끝을 나타낸다.

跂予西望涕闌干, 仙人贈我靑球琳.
何以報之玄鶴琴, 路遠莫致空嘯吟,
何爲懷思意淒森.

我所思兮在九井, 欲往從之隔葦嶺.
跂予南望涕橫迸, 仙人贈我內隱文.
何以報之端綺紋, 路遠莫致空鬱煩,
何爲懷思意尉懃.

我所思兮在金剛, 欲往從之杳扶桑.
跂予東望涕淋浪, 仙人贈我珠樹枝.
何以報之蒼琉璃, 路遠莫致空躅踟,
何爲懷思意傷悲.

창작 시기 : 영조 23년 정묘년(1747, 19세)
출전 : 《이재난고》 1책 1권 60쪽.
작품 해설

중국 후한 시대의 인물인 장형의 사수시를 본떠 지었다. 장형은 이 시에서 사방을 둘러보며 자신의 그리움을 표현했다. 황윤석은 이 시를 본떠 지으면서 사방에 있는 이름난 산들을 그리워하고 있다. 장형의 시가 담고 있는 그리움을 자신의 것으로 소화해서 현실에 맞게 표현해 낸 황윤석의 능력이 돋보인다.

밤에 앉아 공경히 아버지의 운에 창화(唱和)[18]했다.

북두성(北斗星) 아득히 멀고 푸른 하늘 밝아 오니
달빛 내리고 바람 불어올 때 저물녘 절구 소리.
가을 서재에서 《역(易)》을 읽으니 어느 누가 찾아올까?
혼자서 복희(伏羲)와 문왕(文王)[19]의 옛 마음과 만나네.

夜坐 敬和父親韻

星斗迢迢碧落明, 月風低仰暮春聲.
秋齋讀易人誰到, 獨契羲文萬古情.

창작 시기 : 영조 23년 정묘년(1747, 19세)
출전 : 《이재난고》 1책 1권 60쪽.
작품 해설

---

18) 창화(唱和) : 다른 사람이 지은 시의 운에 맞추어 화답시를 짓는 것을 가리킨다.
19) 복희(伏羲)와 문왕(文王) : 복희(伏羲)는 중국 고대 전설 속의 제왕(帝王)이다. 《역(易)》의 팔괘(八卦)를 최초로 만들었다고 한다. 문왕(文王)은 중국 고대 주 왕조(周王朝)의 기초를 닦은 훌륭한 왕이다.

아버지가 지은 시의 운에 창화해서 가을날 자신의 모습을 묘사했다. 1~2구에서는 밝아 오는 가을 새벽의 풍경을 묘사했다. 3~4구에서는 아직 해가 뜨지도 않은 새벽에 《역(易)》을 공부하고 있는 자신의 일상을 묘사했다. 황윤석은 천지 운행의 이치를 담은 《역》을 공부하면서 중국 고대의 성군(聖君)으로 알려진 복희와 문왕을 떠올린다. 천지 운행의 이치를 꿰뚫어 백성을 이롭게 했던 그들처럼 자신도 그와 같은 삶을 살아가겠다는 황윤석의 의지를 읽을 수 있다.

《역(易)》의 이치를 헤아린 노래

    고금(古今)의 유가(儒家)에서 역(易)을 공부한 스승이 몇 명인가?
    이천(伊川)[20]만이 공자를 계승했네.
    도리어 상수(象數)[21]를 버리고 헛된 비유로 돌아가니
    뜻과 말로 응대해서 실질적 지식과 혼동되네.
    집착에서 벗어난 건 오직 《본의(本義)》[22]인데
    떨쳐 일어나 나아가 복희를 놀라게 하네.
    만일 선천역(先天易)[23]이 있기 전을 논한다면

---

20) 이천(伊川) : 중국 송나라 시기의 철학자인 정이(程頤)의 호다. 형인 정호(程顥)와 함께 이정자(二程子)라고 불린다. 처음에는 형과 함께 주돈이에게서 공부하고, 이어서 수도 개봉에서 유학하며 호원에게 배웠다. 그의 사상은 한마디로 이(理)의 철학이라고 하는데, 이(理)와 기(氣)를 구별하고, 일사일물(一事一物)에 머무는 이(理)의 추구를 학문의 기본으로 삼았다. 북송 도학의 제일인자로서 그의 사상은 주자학 형성에 결정적인 역할을 했다.
21) 상수(象數) : 《역(易)》의 괘(卦)에 나타나는 형상과 변화를 말한다.
22) 《본의(本義)》 : 주희가 지은 책 중에 《주역본의(周易本義)》가 있는데 이것을 가리킨다.

세 분의 성인(聖人)도 오히려 계요사(繫繇辭)24)와 간격이 있으리라.

　세 분의 성인도 오히려 계요사와 간격이 있으니
어쩔 수 없네, 학설이 왜곡되고 끝내 이상해져도.
매 효(爻)는 저절로 천 가지 일에 대응하니
모든 괘(卦)는 한 가지 해석에만 집착하지 말아야지.
종소리는 두드리다 보면 큰 소리 작은 소리 나뉘고
거울 빛도 사물에 따라 예쁜 것 못난 것이 달라지네.
그대는 보시오, 살아 움직이는 천기(天機)25)는 오묘해서
이용(二用)26)은 끝이 없고 육위(六位)27)는 때에 맞네.

---

23) 선천역(先天易) : 북송 시대 역학자 소옹(1011~1077)이 제창한 역학 이론이다. 구체적으로 《하도(河圖)》와 '선천복희팔괘도'를 바탕으로 하는 복희의 역(易)을 가리킨다.
24) 계요사(繫繇辭) : 《주역》의 괘(卦)를 설명해서 상세하게 풀어놓은 주석(註釋)을 가리킨다.
25) 천기(天機) : 하늘이 내려 준 영험한 조짐.
26) 이용(二用) : 용구(用九)와 용육(用六)을 가리키는 것으로 보인다. '용구'는 《역(易)》〈건괘(乾卦)〉의 여섯 효(爻)가 모두 변했을 때 참고하는 효사이고, '용육'은 〈곤괘(坤卦)〉의 여섯 효가 모두 변했을 때 참고하는 효사다.

論易吟

今古儒門幾易師, 伊川除是繼宣尼.
還抛象數歸虛譬, 應以意言混實知.
拘泥脫來唯本義, 發揮將去悅庖犧.
若論未有先天際, 三聖猶開繫繇辭.

三聖猶開繫繇辭, 胡然曲學竟尖奇.
每爻自應千般事, 全卦休拘一箇歧.
鍾響逐撞分大小, 鏡光隨物異妍媸.
君看活動天機妙, 二用無窮六位時.

창작 시기 : 영조 23년 정묘년(1747, 19세)
출전 : 《이재난고》 1책 1권 60~61쪽, 《이재유고》 1권 18
~19쪽.
작품 해설
　　황윤석이 《역(易)》을 공부하면서 느낀 점을 표현한 시다. 이 시에서 황윤석은 유가(儒家)에서 《역》에 정통한 사람으로 정이(1033~1107)와 주희(1130~1200)를 언급하고 있

---

27) 육위(六位) : 《역(易)》 대성괘(大成卦)의 육효(六爻)를 가리킨다.

다. 황윤석은 이 중 정이의 학설에 대해 상수(象數)를 통한 객관적 분석보다는 관념적 비유를 통해 설명한 것이 많아 실질적 지식과 혼동된다고 평가했다. 이에 반해 《역(易)》에 대한 주희의 학설은 주역의 기본이 되는 팔괘(八卦)를 창조한 복희마저 놀라게 할 정도라며 높이 평가하고 있다. 《역》에 대한 전통적인 해석뿐만 아니라 상황에 따라 탄력적으로 《역》을 해석해야 한다는 황윤석의 탁월한 견해를 볼 수 있다.

도사(都事)[28] 안 척숙(安戚叔)[29]께서 부모님 뵈러 가신다기에 받들어 이별하다 두 수

하늬바람 살랑대니 비단옷은 차갑고
말 머리는 가을 구름 향해 말안장에 오르네.
바닷가 역참(驛站)[30] 여행길 먼지는 서리 내린 뒤에 빠르고
온 성(城)에 밝은 달빛은 꿈속에서 보는 듯
머나먼 가락국[31]에서 헤어진 지 일 년쯤
외진 고향 마을에서 잠시나마 즐거웠지.
다른 날 북관(北關)[32]으로 다시 가시는 길에
나를 찾아 위로해 주실 수 있을까?

---

28) 도사(都事) : 조선 시대에 중앙과 지방 관청에서 사무를 담당한 관직이다.
29) 안 척숙(安戚叔) : 안씨 성을 가진 친척 아저씨라는 말이다.
30) 역참(驛站) : 역마(驛馬)를 바꾸어 타던 곳.
31) 가락국 : 지금의 김해 지역을 가리킨다.
32) 북관(北關) : '함경도' 혹은 '함경북도'를 이르는 말.

검은색 수레 덮개[33] 펄럭이는 날
다리 밑엔 세찬 여울물 소리 울렸지.
밥과 반찬에 더욱 조심하셔야 하니
가시는 길 참으로 험한 곳이 많습니다.
푸른 바다에 찬 바람 불고
푸른 산에는 석양도 사라져 가네.
부모님 계신 곳이 점점 멀지 않으리니
당연히 색동옷의 기쁨[34] 넘쳐흐르리.

奉別安都事戚叔歸覲 二章

西風獵獵錦衣寒, 馬首秋雲壓杏鞍.
海驛征塵霜後疾, 咸城明月夢中看.
遙遙洛國經年別, 黯黯龜村一刻團.
他日北關重去路, 可能尋我爲相寬.

---

[33] 검은색 수레 덮개 : 지방 장관이 타고 다니던 수레의 모습을 가리킨다. 여기서는 안 척숙이 떠나는 모습을 비유한 것이다.
[34] 색동옷의 기쁨 : 어버이를 곁에서 모시며 기쁘게 해 드리는 모습을 가리킨다. 춘추 시대 초나라의 노래자(老萊子)가 일흔의 나이에도 불구하고 어버이를 기쁘게 해 드리기 위해 색동옷을 입고 재롱을 떨었다는 '채의오친(綵衣娛親)'의 고사에서 가져왔다.

皁蓋翩翩日, 水橋響急湍.
飯餐且加愼, 行路太多難.
碧海寒風動, 青山落照殘.
庭闈漸不遠, 應溢綵衣歡.

창작 시기 : 영조 23년 정묘년(1747, 19세)
출전 : 《이재난고》 1책 1권 61쪽, 《이재유고》 1권 19쪽.
작품 해설

도사(都事) 벼슬을 하고 있는 친척 안씨 아저씨가 부모님을 뵈러 길을 떠나자 전송하면서 지은 두 수의 시다. 첫째 수에서는 1년여 만에 고향에서 만나 즐거웠던 기억을 떠올리며 이후에도 다시 만나기를 바라고 있다. 둘째 수에서는 안씨 아저씨의 험한 귀향길을 염려하면서도 한편으로는 곧 부모님을 만나 마음껏 효도하실 수 있을 것이라고 축원하고 있다.

대역(大易)35)의 노래

내가 보니 위대한 역(易)의 이치는
저절로 하늘과 땅 안에서 실행된다네.
넘실넘실 살아 움직이며
곳곳마다 주위에서 만나네.
물이 계곡에 가득 찬 듯
기운이 몸에 충만한 듯.
오묘한 조짐은 그때그때 변화해서
문자로 고정되는 것을 허락하지 않네.
육허(六虛)36)는 그저 텅 빈 그림자요
팔괘도 다만 술지게미일 뿐.
복희께서는 또한 많은 일을 하셨으니

---

35) 대역(大易) : 《역(易)》을 가리킨다.
36) 육허(六虛) : 《역》의 육위(六位)를 가리킨다. 《역》〈계사 하(繫辭下)〉 8장에, "변동불거주류육허(變動不居周流六虛)"라는 말이 나온다. 이에 대해 공영달(孔穎達)은 소(疏)에서, "음양이 두루 유동(流動)해서 육위의 허(虛)에 있다. 육위를 허라고 말한 것은 위(位)는 본래 정체(定體)가 없고 효(爻)로 인해 비로소 나타나기 때문이다"라 했다.

굽어보고 우러르네, 괘상(卦象)37) 그리기에 수고하신 걸.
당기고 펴고 무리에 닿아서 길어지며
마주 보고 서로 폭넓게 바뀌네.
아아, 태극(太極)은 오묘하니
열에 아홉은 죽간(竹簡)이 빠졌네.38)
공자39)께선 한결같이 저 멀리에 계시고
학문을 왜곡하는 사람들은 오히려 번성하네.
그저 단상(彖象)40)에만 의지한다면
어떻게 선천역(先天易)41) 이전을 엿볼 수 있겠는가?
도리어 일원(一元)42)의 핵심을 알아야 하니

---

37) 괘상(卦象) : 《역》이 담고 있는 64가지 괘의 의미를 가리킨다.
38) 죽간(竹簡)이 빠졌네 : 죽간은 글자를 쓸 수 있도록 다듬은 대나무 조각을 가리킨다. 따라서 이 구절은 책의 글자 중에 빠진 곳이 많아서 내용을 제대로 알기 힘들다는 뜻이다.
39) 공자 : 원문은 '문니(文尼)'로, 공자를 가리키는 '문성(文聖)'과 '중니(仲尼)'라는 단어에서 각각 한 글자씩 가져온 말이다.
40) 단상(彖象) : 단(彖)은 《역》의 괘를 풀이한 말로서, 괘사(卦辭)를 가리키는데, 문왕(文王)이 지었다고 한다. 상(象)은 《역》의 괘사와 효사(爻辭)를 풀이한 것으로 주공(周公)이 지었다고 한다.
41) 선천역(先天易) : 북송 시대 역학자 소옹(1011~1077)이 제창한 역학 이론이다. 구체적으로 《하도(河圖)》와 '선천복희팔괘도'를 바탕으로 하는 복희의 역(易)을 가리킨다.

깎여서 잃어버리면 아마도 온전하지 못하리라.
나는 깨끗하고 청결한 곳으로 되돌아가
받들어 하늘의 뜻에 귀의하리라.
오묘한 하늘은 조용히 말도 없이
푸르고 푸르게 구만리(九萬里)에 펼쳐 있네.
만약에 장차 돌아갈 수 있다면
공경하는 마음으로 좋은 향(香)을 태우리.
가을날 서재에서 마음을 씻어 내고
뱃속에는 천년의 학문43)을 담네.

大易吟

吾觀大易理, 自行天地中.
洋洋活以動, 隨處左右逢.
如水谷之滿, 如氣體之充.
玄機任圓轉, 未許文字局.
六虛徒空影, 八卦乃糟粕.

---

42) 일원(一元) : 세상이 처음 생겨나고 마지막에 소멸하는 하나의 순환 주기를 가리킨다.
43) 천년의 학문 : 원문은 '천년(千年)의 기간'을 뜻하는 '천사(千祀)'라는 단어다. 시 전반에 걸쳐 《역》이라는 고대 학문에 대한 황윤석의 견해를 드러내고 있기 때문에 '천년의 학문'으로 의역해 보았다.

義皇亦多事, 俯仰勞象畫.
引伸又觸長, 對待相博易.
於焉太極妙, 十九漏簡竹.
文尼一以瀔, 曲學乃穿鑿.
徒憑象象後, 詎窺先天前.
還知一元機, 斯喪恐無全.
我欲回潔淨, 捧擎歸于天.
玄天嘿不言, 蒼蒼九萬里.
且可將歸去, 敬蓺名香穗.
秋齋洗心了, 腹裏藏千祀.

창작 시기 : 영조 23년 정묘년(1747, 19세)
출전 : 《이재난고》 1책 1권 61쪽, 《이재유고》 1권 19쪽.

작품 해설

　《역》에 대한 자신의 견해를 서술했다. 육위(六位)나 팔괘(八卦) 등 《역》의 기본 형상에 집착해서는 《역》을 제대로 해석할 수 없고 오히려 《역》이 담고 있는 핵심을 알아야 한다고 말하고 있다. 황윤석이 말하는 《역》의 핵심은 무엇일까? 아마도 고정되어 있지 않고 늘 변화하는 《역》의 본질을 말하는 듯하다. 마지막 '뱃속에는 천년의 학문을 담네'라는 구절에서 황윤석의 원대한 포부가 느껴진다.

어떤 사람의 질문에 대답하다 절구 두 수

　누군가 묻기를 "옛날에 현명했던 사람들은 모두 과거 시험에 합격했으니
　과거 시험에 합격해야 진짜 선비가 되지요.
　그대가 내 말을 믿지 못하겠거든
　부디 우리나라 사람과 송나라 사람을 보세요".

　내가 말하길 "현명한 사람이 되는 것은 스스로 넉넉함이 있어서니
　과거 합격 한 가지에만 매여 있지 않았지요.
　만약 그대 처음 말이 옳다면
　요즘 사람들 모두 송나라 때 선비와 같겠지요".

答或人問 二絶

人問先賢盡出身, 出身方做大儒眞.
如君若不吾言信, 請看東人與宋人.

我謂爲賢自有餘, 非從科目一窠拘.
如君只把初頭說, 今世人將盡宋儒.

창작 시기 : 영조 23년 정묘년(1747, 19세)

출전 : 《이재난고》 1책 1권 61~62쪽, 《이재유고》 1권 19쪽.

작품 해설

  황윤석은 이 시를 지을 당시 과거 시험에 합격하지 못한 상태였다. 가족과 친척들은 천재적 재능을 지닌 황윤석이 하루빨리 과거 시험에 합격하기를 바라고 있었을 것이다. 하지만 정작 황윤석 자신은 과거 시험의 합격도 중요하지만 '스스로 넉넉함'을 가지는 것에 더욱 관심을 가지고 있었던 것으로 보인다. '스스로 넉넉함'이란 성현(聖賢)의 학문인 유학을 깊이 연구하고 실천해서 학식과 인품을 넉넉하게 쌓는 것으로 볼 수 있겠다.

앞 시의 뜻을 거듭하면서 내 뜻을 말한다 율시두수

과거 시험의 한 길에 대해 옛 현인(賢人)은 어찌했나?
모두들 아무렇게나 내팽개치진 않았지.
세상을 경영하고 백성을 구제하는 일은 과거 합격에서 펼쳐지고
문장가(文章家)로서의 길도 그로써 빛난다네.
하늘이 혹시 돕지 않아 당장 관직에 임명되지 못하더라도
벼슬에는 때가 있는 법이니 그런 것에 연연하지 말자.
과거 시험이 사람을 얽매는 것이 아니라 사람이 스스로 과거 시험에 얽매인다는
주희 선생님의 아름다운 가르침에 홀로 길게 감탄하네.

집안이 남쪽으로 돌아온 지 이백 년인데
생각도 못했네, 가문이 이처럼 쓸쓸해질 줄.
출세했다는 명성은 어느새 어디에도 없고
성공과 실패의 이치도 하늘에 묻기 어려워졌네.
마음을 다해 끝까지 일을 해내라고들 하고
앞으로 갈 길도 머니 채찍질을 더해야지.
푸른 등불 환하고 글 읽으려 등잔 켠 밤

홀로 여러 성인(聖人)들의 옛 책들을 외워 보네.

再申前意且道自意 二律

荊圍一路昔賢何, 皆是非容任放過.
經濟業當由布展, 文章道亦以光華.
天如莫佑將無命, 仕或有時莫戀他.
科不累人人自累, 紫陽徽訓獨長哦.

南落歸來二百年, 那知門戶此寥然.
飛騰名已掃全地, 否泰理難問上天.
聞說苦心終做事, 且從長路益加鞭.
靑灯耿耿書灯夜, 獨誦群龍万古編.

창작 시기 : 영조 23년 정묘년(1747, 19세)
출전 : 《이재난고》 1책 1권 62쪽.
작품 해설

앞의 시에 이어서 과거 시험에 대한 자신의 생각을 시로 표현했다. 역사를 돌이켜보면 옛 현인들이 모두 과거 시험에 합격한 것은 아니었다. 하지만 그렇다고 해서 과거 시험을 내팽개친 것도 아니었다. '세상을 경영하고 백성을 구제한다'는 유학의 이상을 실행하기 위해서는 과거 시험에 합격해서 벼슬길에 오르는 것이 유리하다. 또 문장가로서 이름을 날리는 데에도 고위 공직자라는 명함은 도움이 된다. 그래서 많은 선비들이 과거 시험에 목을 매고 있는 것이다.

하지만 황윤석은 '과거 시험이 사람을 얽매는 것이 아니라 사람이 스스로 과거 시험에 얽매인다'는 주희의 말을 떠올리면서 감탄했다. 그래서 과거 시험을 위해 준비는 철저하게 하더라도 사람마다 때가 있는 법이니 합격 자체에 연연하지는 말자는 태도를 보인다.

둘째 수에서는 여러 세대 동안 과거 시험 합격자를 배출하지 못한 가문의 현실을 안타까워했다. 하지만 그런 현실에 좌절하지 않고 스스로 더욱 노력할 것을 다짐하며 오늘 밤도 등잔 앞에서 경전을 외고 있다.

절구 정묘년 동짓날

신선 세계에서 놀던 꿈속에서 어제는 봉래산이었는데
푸른 바다 일렁이는 물결이 만 리(萬里)에 걸쳐 열렸지.
누군가 밝은 달빛에 기대 옥피리를 불었더니
흰 구름 하늘 끝에서 다섯 빛깔 난새[44]가 날아왔지.

絶句 丁卯至月

遊仙一夢昨蓬萊, 碧海滄波萬里開.
人倚月明吹玉笛, 白雲天際綵鸞來.

창작 시기 : 영조 23년 정묘년(1747, 19세)
출전 : 《이재난고》 1책 1권 62쪽.
작품 해설

 동짓날에 지은 시다. 동지는 1년 중 낮이 가장 짧고 밤이 가장 긴 시기로 양력으로 12월 22일이나 23일경이다. 한 해

---

44) 난새 : 중국 전설에 나오는 상상의 새. 모양은 닭과 비슷하지만 깃은 붉은빛에 다섯 가지 색채가 섞여 있고 소리는 오음(五音)과 같다고 한다.

의 끝을 보내면서 황윤석은 꿈속에서 보았던 신선의 세계를 묘사하고 있다. 현실은 내세울 것 없는 시골 양반이었지만 황윤석이 꾸던 꿈은 중국의 대시인 이백과 같이 웅장하고 아름다웠다는 것을 알 수 있다.

비단 주머니 두 수

동그란 무늬 비단을 오려서
입구를 오므릴 수 있는 주머니를 만들었네.
향내 나는 먹과 귀한 붓을
모두 이 안에 담아 둬야지.

한 번 묶자 용(龍)이 큰 연못에 웅크린 듯하더니
한 번 풀자 봉새가 왕의 정원에서 뛰노는 듯하네.
그 안에 보배를 담고 있지 않았다면
어떻게 밖으로 꽃송이를 토해 낼 수 있었을까?

錦囊詩 二章
剪出盤紋錦, 縫成招口囊.
蘭煤銀不律, 都與此中藏.

一括而龍蟠大澤, 一脫而鳳躍王庭.
非厥中之蘊珍, 豈其外之吐英.

창작 시기 : 영조 23년 정묘년(1747, 19세)

출전 : 《이재난고》 1책 1권 62쪽.

작품 해설

　먹과 붓을 담아 둘 비단 주머니를 만든 다음 두 수의 시로 표현했다. 마치 좋은 필통을 얻은 어린아이처럼 황윤석은 좋은 먹과 귀한 붓을 이 비단 주머니에 담아 두겠다고 말한다. 이어서 입구를 묶어 보관할 때는 마치 용이 연못에 웅크린 듯 조용하다가 입구를 풀고 먹과 붓을 사용하니 아름다운 꽃을 그려 낼 수 있었다고 했다. 비단 주머니에 대한 황윤석의 애착을 짐작할 수 있다.

서당에 비 내린 뒤 계곡물 소리를 듣고 느낀 점이 있어서 절구 두 수

마침 서당을 관리하는 승려가 불상을 서당에 놓으려고 해서 이 시를 지었다.

바위로 떨어지는 폭포 콸콸콸 밤새 울리니
옥대(玉臺)45)에서 언제고 이 소리 들으셨겠지.
거닐어 보는 서당 주변, 이제는 낡은 흔적들
누구를 연봉(蓮峰)46)의 청결함과 견줄 수 있을까?

한 줄기 떨어지는 폭포 옥 소리를 내니
선생(先生)께서 남긴 시도 이 소리에 영감을 받았겠지.
스님은 항하수(恒河水)47)를 보내지 마세요

---

45) 옥대(玉臺) : 황윤석이 시를 짓고 있는 구암 서당(龜巖書堂)은 작은 할아버지인 황재중(黃載重)이 예전에 명옥대(鳴玉臺)를 지었던 곳이다. 따라서 옥대는 명옥대를 가리킨다.
46) 연봉(蓮峰) : 서당 주위에 있던 산 이름으로 추정된다. 여기서는 인품과 학식이 높았던 황재중을 연봉으로 비유한 것으로 보인다.
47) 항하수(恒河水) : 인도 갠지스강의 물을 가리킨다. 여기서는 스님이 서당에 들여놓으려고 하는 불상을 비유하고 있다.

흘러온 짙푸른 물결 오래도록 맑으리니.

書堂雨後聽溪聲有懷 二絶
時堂髠欲以佛像置堂故及之.

巖瀑淙淙永夜鳴, 玉臺何日听玆聲.
逍遙社裡今陳跡, 誰較蓮峰舊潔淸.

一道飛泉漱玉鳴, 先生餘韻托玆聲.
山僧莫遣恒河水, 來汗紺寒萬古淸.

창작 시기 : 영조 23년 정묘년(1747, 19세)
출전 :《이재난고》1책 1권 62쪽.
작품 해설

　첫째 수의 1~2구에서는 비 내린 뒤 떨어지는 폭포 소리를 듣고 작은할아버지 황재중(黃載重)과 얽힌 기억을 되새겼다. 비 내린 뒤 불어난 물 때문에 평소보다 세차게 폭포수 소리가 들린다. 황윤석 가문의 별장인 구암 서당(龜巖書堂) 자리는 예전에 황재중이 명옥대(鳴玉臺)를 지었던 곳이다. 때문에 지금 서당에서 들리는 폭포수 소리는 작은할아버지 황재중도 분명히 들었을 것이다. 그래서 그분도 이 소리를 들으셨으리라 짐작해 본다.

3~4구에서는 황재중의 자취를 회상하며 그의 청결한 인품을 찬양하고 있다. 황재중이 거닐었던 곳도 이제는 옛날 자취가 되었다. 연봉(蓮峯)은 서당 주위에 있던 산 이름으로 추정되며 황재중을 가리키는 것으로 보인다.

  황재중은 기사환국이 일어나자 과감하게 과거 시험을 포기하고 이곳에서 학문에만 힘썼다. 기사환국 당시 송시열은 제주도로 유배되어 사사되었고, 이이명(李頤命)·김만중(金萬重)·김수흥·김수항(金壽恒) 등도 사형당하거나 유배당했다. 황재중은 이런 정치 상황에서 정계에 들어가기 위해 과거 시험공부를 한다는 것은 옳지 않다고 생각한 것이다.

  둘째 수의 1~2구에서는 폭포 소리를 듣고 이를 소재로 지은 황재중의 작품을 떠올렸다. 빗물로 수량(水量)이 늘어난 폭포는 유달리 크고 맑은 소리를 내어 평소보다 더욱 사람의 마음에 파고든다. 이 느낌을 시로 한 수 남길 만하다고 생각한다. 그런데 떠올려 보니 이미 황재중이 이 폭포 소리를 소재로 남긴 시가 있었다. 2구의 선생은 황재중을 말하고 여운(餘韻)은 그가 폭포 소리를 소재로 지은 작품을 가리킨다.

  3~4구는 시 제목에서 언급했던 서당을 관리하는 승려의 뜻에 답하고 있다. 항하수는 인도 사람들이 신성시하는 갠

지스강을 말한다. 황윤석은 스님에게 항하의 물을 이리로 보내지 말라고 한다. 왜냐하면 이미 서당 옆을 흐르는 물결은 충분히 푸르고 맑아 더 이상의 물이 필요 없기 때문이다.

　시 제목의 주석에서 승려가 불상을 서당에 들여놓으려 해서 이 시를 지었다고 했다. 황윤석은 유학을 공부하는 선비로서 서당에 불상을 들이고 싶지 않았다. 하지만 그 마음을 '불상을 들이지 마세요'라고 직접적으로 말하지 않았다.

　항하수는 불교의 가르침을, 서당의 옆을 흘러가는 시내는 유학의 가르침을 상징한다. 이미 서당 옆에서 옥 같은 소리를 내며 풍부하게 흘러내리는 시내가 있다. 이 시내를 소재로 뛰어난 학자였던 황재중은 작품을 남기기도 했다. 황윤석이 생각하기에 이 시내만 하더라도 오랜 세월을 지속하며 좋은 경치로 남을 만했다.

　즉, 유학의 가르침만으로도 오래도록 유지된다는 것이다. 때문에 저 멀리 인도의 항하수까지 이곳으로 들일 필요는 없다고 말한다. 비록 비유를 들어 완곡하게 거절했지만 내용상 유학을 학문의 종주(宗主)로 여기는 단호한 뜻을 드러내고 있다.

옛 시를 본받아

서산(西山)에 오동나무 하나 있어
그 잎은 푸르게 우거졌네.
아래는 가을 구름 밑부분과 얽혀 있고
위에는 산 동쪽의 봉황이 울고 있네.
생겨난 지 몇 년일까?
나무거죽은 오래되어 눈서리에 얼었네.
뛰어난 장인(匠人)이 한번 깎으면
이 나무로 만든 금슬(琴瑟) 소리에 감탄하리.
빙잠(冰蠶)48)의 실을 매고
이란곡(離鸞曲)49)을 연주하면
쏴아쏴아 솔바람이 대답하는 듯
펄럭펄럭 구름 속에 학이 나는 듯

---

48) 빙잠(冰蠶) : 중국 전설 속에 나오는 누에. 서리와 눈 속에서 나며 이 누에고치에서 나온 실로 짠 베는 물에 젖지도 않고 불에 타지도 않는다고 한다.
49) 이란곡(離鸞曲) : 짝을 잃은 난새를 상징해서 만든 거문고 음악의 이름이다.

양춘곡(陽春曲)50)으로 누가 화답해 줄까?
안개가 자욱해서 어둑하기만 하네.
이에 아름다운 시냇가에 사는 어르신이
홀로 거문고 안고 세월을 보내시리.

擬古

西山有孤桐, 其葉綠萋萋.
下結秋雲根, 上鳴朝陽鳳.
生來亦幾年, 皮老雪霜凍.
良工一以斲, 歎此琴瑟中.
才恒以冰蠶絲, 彈出離鸞弄.
冷冷松風語, 翩翩雲鶴竦.
陽春竟誰和, 霧蓋徒昏夢.
所以玉溪翁, 獨抱年光送.

창작 시기 : 영조 23년 정묘년(1747, 19세)
출전 : 《이재난고》 1책 1권 63쪽, 《이재유고》 1권 20쪽.
작품 해설

중국 당나라 때의 시인인 이상은(李商隱, 812~858)의

---

50) 양춘곡(陽春曲) : 옛 가곡의 이름이다. 아주 우아하고 배우기 어려운 곡이라고 한다.

시를 본떠서 지었다. 서산(西山)의 오동나무를 시의 소재로 삼아 마음껏 상상력을 펼쳤다.

마음대로 짓다

푸른 하늘 누런 땅 끝이 보이지 않고
그 사이 십오만 년[51]의 봄이 있었지.
황제들 가운데 누가 산과 강의 마지막 주인이었나?
기수(箕宿)와 미수(尾宿)[52]는 원래 해와 달의 나루터였지.
책 속에 마음 두고 현명한 신하가 되길 바랐지만
흰 구름 속에 자취 없어 단군에게 물어보네.
훗날 어느 곳이 내가 돌아갈 곳일까?
일렁이는 등잔불에 홀로 눈살 찌푸리네.

---

51) 십오만 년 : 황윤석이 열심히 읽었던 소옹의 《황극경세서》에 따르면, 12진(辰)을 하루, 30일을 한 달, 12개월을 1년, 30년을 1세(世), 12세를 1운(運), 30운을 1회(會), 12회를 1원(元)으로 한다. 그러므로 12만 9600년이 1원이며, 천지(天地)는 1원마다 한 번 변천하고, 만물은 이 시간적 순서에 따라 진보한다고 한다. 15만 년은 이와 관련이 있는 듯한데 좀 더 고찰이 필요하다.
52) 기수(箕宿)와 미수(尾宿) : 고대 별자리의 이름들. 기(箕)와 미(尾) 둘 다 28수(宿) 중 동방 7수(宿)에 속한다.

漫題

蒼蓋黃輿不見垠, 其間十五萬年春.
皇王孰竟山河主, 箕尾元來日月津.
緗帙有懷尋玉馬, 白雲無跡問檀神.
他時底是吾歸處, 明滅釭花獨委嚬.

창작 시기 : 영조 23년 정묘년(1747, 19세)
출전 : 《이재난고》 1책 1권 63쪽, 《이재유고》 1권 20쪽.
작품 해설

떠오르는 시상에 따라 즉흥적으로 지은 시다. 푸른 하늘과 넓은 땅을 보며 세상과 시간의 의미에 대해 생각하고 있다. 세상에 도움이 되는 인재가 되기 위해 지금껏 열심히 공부했지만 아직까지도 결과가 나오지 않아 아쉬워하고 있다. '현명한 신하'가 되고 싶었던 황윤석의 소망을 읽을 수 있다.

즉흥시 절구 두 수

벽오봉(碧梧峰)[53] 위 비 갠 구름이
한가로이 바람 부는 대로 옅게 무늬 만들었네.
날아갔다 다시 오며 무얼 생각하려나?
세상 사람들 정녕 너 같을 순 없으리.

초봄 기운이 꿈틀대는 노나라 시대 구름의 기록[54]이고
한 줄 바늘 선 더한[55] 진(晉)나라 시대 자수(刺繡)라네.
겨울 매화에게 번거로이 말을 걸어
얼른 새 꽃 피워 봄을 맞으라 하네.

---

53) 벽오봉(碧梧峰) : 산봉우리 이름인 듯한데, 정확한 위치는 파악하기 어렵다.
54) 구름의 기록 : 원문은 '서운(書雲)'이다. '서운'은 노나라 시대에 천문을 관찰해서 길흉을 점치는 것을 가리키는데, 많은 시인들이 '서운'으로 동지(冬至)를 비유하기도 했다.
55) 한 줄 바늘 선 더한 : 동짓날에는 해가 길어져서 자수하는 여인이 선 하나를 더할 수 있다고 한다.

即事 二絶

碧梧峰上有晴雲, 閑信天風淡作紋.
飛去飛來何意思, 世人應得不如君.

初陽方動魯書雲, 一線行添晋刺紋.
爲向寒梅煩致話, 速將新蘂迓東君.

창작 시기 : 영조 23년 정묘년(1747, 19세)
출전 :《이재난고》1책 1권 63쪽.
작품 해설

　　즉흥적으로 지은 7언 절구 두 수다. 첫째 수에서는 산봉우리에 걸린 비 갠 구름을 보며 시상을 일으켰다. 구름은 어디에 구애받는 것 없이 상황에 따라 모였다가 흩어진다. 황윤석은 이런 구름을 의인화해서 세상 사람들은 집착하는 것이 많아서 구름 너처럼 자유롭게 오갈 수 없다고 말하고 있다.

　　둘째 수에서는 동지(冬至)를 맞아 느낀 감정을 표현했다. 황윤석은 한 해의 마지막에 해당하는 동지가 되면 시를 짓곤 했다. 한 해를 보내며 아쉬운 감정들을 많이 느꼈던 모양이다. 이 시에서도 동지를 상징하는 '구름의 기록'이나 '한 줄 바늘 선 더한' 등의 표현을 사용하면서 동지를 맞은 감정을 표현했다. 마지막 두 구절에서는 매화에게 얼른 봄꽃을 피우라고 말을 건넸다고 했다. 사물을 의인화해서 시상에 생명력을 불어넣었던 당나라 시대 시인들의 표현법을 능숙하게 활용하고 있다.

12월 5일 밤 꿈에 송씨 어르신과 대화를 나누었다. 꿈에서 깬 뒤에 아련한 마음이 있었다

꿈속에서 화양(華陽)56)은 달빛이 희미했고
시냇물 한 줄기 서쪽으로 굽어 드는데 사립문을 두드렸네.
만난 자리에서 잠시나마 하염없이 마음 털어놓는데
문득 닭 울음소리, 나에게 현실로 돌아가라 하네.

臘月初五夜, 夢與宋丈相話. 覺後依依有懷

夢裏華陽月色微, 一溪西曲叩柴扉.
逢場暫吐無窮意, 卻披鷄聲喚客歸.

창작 시기 : 영조 23년 정묘년(1747, 19세)
출전 : 《이재난고》 1책 1권 63쪽.
작품 해설

---

56) 화양(華陽) : 화양은 충북의 지명으로 보통 송시열이 살았던 곳을 가리킨다. 그런데 여기서는 송씨 어르신이 살고 있는 곳을 가리키는 것으로 보인다. 송씨 어르신은 화개산(華蓋山)의 남쪽[陽]에 살고 있었다.

꿈속에서 송씨 어르신을 만났다가 잠에서 깼다. 깬 이후에도 기억이 생생해서 그 사실을 시로 남겼다. 송씨 어르신은 송규로(宋奎魯)를 가리킨다. 그는 35세의 나이 차를 극복하고 황윤석과 지기(知己)처럼 지내는 사람이었다.

1~2구에서는 송씨 어르신을 만났던 꿈속의 장소를 묘사했다. 꿈속에서 희미하게 달이 떠 있었고 한 줄기 시냇물은 서쪽으로 굽이쳐 흐르고 있었다. 그런 경관 속에서 송씨 어르신을 만나기 위해 사립문을 두드렸다.

3~4구에서는 송씨 어르신과 꿈속에서 회포를 푸는 도중, 닭 울음소리 때문에 현실로 돌아오게 된 것을 묘사했다. 꿈속에서 반갑게 송씨 어르신을 만나 끊임없이 대화를 나누고 있었다. 그런데 어디선가 들리는 닭 울음소리에 정신이 번쩍 들어 버렸다. 꿈에서 깨고 만 것이다. 그래서 황윤석은 닭 울음소리가 꿈속 나그네를 현실로 돌아오도록 불렀다고 묘사했다.

또

월악(月岳)57)의 규성(奎星)58)은 나이가 오십인데,
서쪽으로 측백나무 북쪽으로 지초(芝草)59)를 늙도록 이웃했네.
아련하게 거문고를 용수목(龍鬚木)60)으로 튕기고
낙락장송 같다네, 흰 머리털의 몸은.
비 갠 풍경은 화개산 아래에 의지했고
맑은 가을의 옥천가를 기억하리.61)

---

57) 월악(月岳) : 화개산 남쪽에 있는 월악산을 가리킨다. 월악산은 추월산(秋月山)이라고도 하는데, 황윤석의 고향인 흥덕(지금의 고창)에서 동쪽으로 약 70리 정도에 위치하고 있다. 추월산의 북쪽과 서쪽 20리 정도에 각각 화개산 · 내장산 · 백양산이 있다.
58) 규성(奎星) : 고대 별자리인 28수 중 하나로, 문운(文運)을 관장하는 별이다. 여기서는 학식이 높았던 송씨 어르신을 문운을 관장하는 규성에 비유하고 있다.
59) 지초(芝草) : 버섯의 한 종류다. 예로부터 상서(祥瑞)로운 식물로 간주되었다.
60) 용수목(龍鬚木) : 거문고를 연주할 때 사용하는 '술대'를 가리키는 것으로 보인다.
61) 옥천가를 기억하리 : 옥천은 전남 순천시 바로 아래를 흐르는 하천

언제라야 마주하고 오늘 밤 꿈을 얘기하며
옷에 묻은 먼지 덩어리들[62]을 단번에 씻어 낼까?

又

月岳奎精五十春, 柏西芝北老爲隣.
茫茫鳳尾龍鬚撥, 落落蒼松皓首身.
晴景正依華岀下, 淸秋倘記玉川濱.
何時對話今宵夢, 一洗襟前萬斛塵.

창작 시기 : 영조 23년 정묘년(1747, 19세)
출전 :《이재난고》1책 1권 63~64쪽.
작품 해설

  앞의 시에 이어서 꿈속에서 만난 송씨 어르신을 그리워하고 있다.

  1~2구에서는 송씨 어르신의 고고한 삶을 묘사했다. 월악산에 있다는 규성(奎星)은 학식이 높았던 송씨 어르신을

이다. 황윤석의 주석에 '옥천은 바로 작년 8월에 서로 이별한 곳이다(玉川即去年八月相分之處爾)'라고 되어 있다.
62) 먼지 덩어리들 : 가슴속에 쌓여 있는 그리움 또는 하고픈 말을 비유적으로 표현한 것이다.

비유한 것이다. 송씨 어르신은 고아한 풍취를 가진 사람이어서 주위에 측백나무와 지초(芝草) 등을 가까이하고 있었다. 옛사람들이 소나무와 대나무 등을 벗 삼았던 것과 같은 풍모를 송씨 어르신도 가지고 있었던 것이다.

3~4구에서는 송씨 어르신이 거문고에 뛰어나다는 점을 드러냈다. '봉미(鳳尾)'는 거문고의 끝부분을 가리키는데, 여기서는 '거문고' 자체를 나타내는 것으로 보았다. '낙락장송'은 송씨 어르신의 외모와 기품을 비유적으로 드러낸 말이다.

5~6구에서는 송씨 어르신이 가을의 옥천가를 기억하실 것이라 말한다. 주석에 따르면 황윤석이 송씨 어르신과 마지막으로 만난 것이 작년 음력 8월이었고 장소는 옥천이었다. 그래서 가을의 옥천가를 기억하실 것이라 말한 것이다.

7~8구에서는 송씨 어르신과 다시 만날 날을 소망하고 있다. 세대 차이를 넘어 소중하게 생각하는 송씨 어르신을 꿈속에서 오랜만에 만났다. 의도하지 않게 꿈속에서 보게 되니 그에 대한 그리움이 더해졌다. 하지만 그를 만나기 위해 쉽게 여행길에 오를 수는 없는 일이다. 때문에 '언제가 되어야 그를 다시 만날 수 있을까?'라는 탄식을 쏟아 낸다. 그를 다시 만난다면 오늘 꾸었던 꿈 이야기와 함께 그간 못했던 수많은 이야기들을 풀어내고 싶다며 시를 맺고 있다.

입동(63)에서 소한(64)까지 눈이 겨우 두 번 내렸는데 게다가 많이 오지도 않았다. 오늘은 비가 조금 내려 정말 봄날 같았다. 내년 농사가 과연 어찌 될지 모르겠다. 우선 시로 기록한다

강남 땅 십이월에 하늘에선 가랑비 뿌려
어느새 꽃을 재촉하고 이파리를 독려하네.
집 안의 거문고와 책은 종일토록 윤이 나고
산 끝에 아지랑이는 아침부터 짙네.
사람들 중 살랑살랑 부채질하지 않는 이 없고
어디서든 농부의 웃는 소리 들을 수 있네.
봄 든 언덕에 무르익는 가을보리를 바라지만
요사스런 염병이 다시 닥칠까 걱정이네.

自立冬至小寒, 雪纔二白, 而亦未至雱瀌. 今日天雨

---

63) 입동 : 24절기의 하나. 상강과 소설 사이에 들며, 이때부터 겨울이 시작된다고 한다. 양력으로 11월 8일경이다.
64) 소한 : 24절기의 23번째. 태양의 황경이 285도에 도달했을 때로 동지와 대한 사이에 든다. 양력 1월 6일이나 7일경이다.

霏微, 正似春候. 未知明歲景狀果如何也. 姑以詩記之

江南臘月天微雨, 已作催花督葉心.
屋裏琴書終日潤, 山頭嵐霧自朝陰.
無人不御輕輕箑, 何處能聞嚇嚇音.
春蘁秋麥其望有, 絶愁妖癘更相侵.

창작 시기 : 영조 23년 정묘년(1747, 19세)
출전 : 《이재난고》 1책 1권 64쪽.
작품 해설

   양력으로 11월 8일경인 입동부터 양력 1월 7일경인 소한까지 두 달 이상 이어진 가뭄 끝에 내린 비를 기뻐하고 있다. '집 안의 거문고와 책은 종일토록 윤이 난다'고 하니 황윤석이 쉼 없이 음악과 공부에 열중했다는 사실을 알 수 있고 '어디서든 농부의 웃는 소리 들을 수 있네'라는 구절에서 당시 내린 단비를 기뻐한 농부들의 모습을 짐작할 수 있다. 오랜 가뭄을 염려했던 황윤석의 마음을 읽을 수 있다.

여러 가지를 읊다 율시 네 수

사천 년이라서, 요임금과의 거리가

태을성(太乙星)65)도 지금은 반만 힘을 쓴다네.

유우씨와 하(夏)나라66)와 상(商)나라67)와 주(周)나라68)도 한 시대니

황(皇)·왕(王)·제(帝)·패(伯)69)는 몇 번이나 흥하고 망했나?

다스림은 법과 행정을 따르는데 명석한 왕은 드물고

---

65) 태을성(太乙星) : 하늘 북쪽에 있으면서 전쟁과 재앙, 삶과 죽음 등을 맡아 다스린다는 신성한 별. 태일성(太一星)이라고도 한다.
66) 유우씨와 하(夏)나라 : 유우씨는 순임금을 가리키고 하나라는 요순시대 이후 우가 세운 왕조다.
67) 상(商)나라 : 중국의 고대 왕조(BC 1600~BC 1046).
68) 주(周)나라 : 중국의 고대 왕조(BC 1046~BC 771). 상나라 다음의 왕조이며, 이전의 하·상과 더불어 삼대(三代)라 한다.
69) 황(皇)·왕(王)·제(帝)·패(伯) : 중국 고대 성스러운 왕들을 가리킨다. 이 중 황(皇)과 왕(王)은 왕도(王道)로 나라를 다스린 인물들이고 제(帝)와 패(伯)는 패도(霸道)로 다스린 인물들을 가리킨다. 중국 고대의 정치에서 삼대(三代)는 순수한 왕도요, 한(漢)은 패도를 섞었다고 한다.

어지러움은 즐기고 안일한 데에 근본을 두는데 기강(紀綱)은 무너졌네.
우스워라, 세상의 명성과 이익을 좇는 사람들은
탕평(蕩平)70)의 마당에서 도리어 파벌을 일으키니

조선이 세상에 선 지 삼백 년이건만
붕당의 고질병은 낫기가 어려우니 어쩌나?
처음부터 의견들이 조금씩 틀어지더니
끝내는 탕평이란 이름조차 무색하게 되었네.
음(陰)과 양(陽) 중 어느 것이 옳은지 모르겠지만
마땅히 선함과 악함 두 모습으로 알려지리.
오랜 세월 속에서 정녕 함께 돌아갈 곳은
태산(泰山) 동쪽 북두성(北斗星) 같은 공자의 가르침이네.

진정한 영웅이 전전긍긍(戰戰兢兢)71)하며 나왔으니

---

70) 탕평(蕩平) : 조선의 21대 왕인 영조가 당쟁을 없애기 위해 쓴 정책이다. 당쟁의 단점을 깊이 느껴서 한 당파가 전권을 가지는 폐단을 견제하고 양반 세력의 균형을 취해서 왕권(王權)의 안정을 꾀했다.
71) 전전긍긍(戰戰兢兢) : 전전(戰戰)은 겁을 먹고 벌벌 떠는 것, 긍긍

육십 년 전72) 발해(渤海)73)의 동쪽이었지.

쇠를 끊고 못을 자르니 굳건한 기운이요

사악한 기운 물리치고 유학을 지키니 오랜 동안 공(功)으로 남으리.

누가 알았을까? 흑수(黑水)의 남은 물결 더러워져74)

다시 서계(西溪)75)의 흐린 물결과 하나 될 줄

(兢兢)은 조심하며 몸을 움츠리는 것으로 어떤 위기감에 두려워하는 마음을 비유한 말이다.

72) 육십 년 전 : 당시가 1747년이므로 60년 전은 1687년이다. 이 말은 송시열(1607~1689)을 언급하기 위한 것이다.

73) 발해(渤海) : 한반도 북부·중국 둥베이(東北) 지방 동부·연해주에 있던 나라(698~926).

74) 흑수(黑水)의 남은 물결 더러워져 : 흑수는 흑룡강(黑龍江)이다. 여기서 흑수는 문맥상 정묘호란[정묘년(1627, 인조 5)에 만주에 본거를 둔 후금(後金, 청나라)의 침입으로 일어난 조선과 후금 사이의 싸움과 병자호란[병자년(1636, 인조 14) 12월부터 이듬해 1월에 청나라가 조선을 2차 침입해 일어난 전쟁] 등 북쪽 국경 지방에서 기원한 전란을 가리키는 것으로 보인다.

75) 서계(西溪) : 박세당(1629~1703)을 가리킨다. 서계는 그의 호다. 박세당은 1702년(숙종 28)에 이경석의 신도비명에서 송시열을 낮게 평가했다 해서 노론에 의해 비판받은 적이 있다. 노론이었던 황윤석은 이런 관점에서 위의 시와 같이 박세당을 평가한 듯하다.

아주 소중한 삼연(三淵)76) 늙은 거사(居士)

물결 막은 하나의 갈대는 또한 우옹(尤翁)77)이라오.

다투어 가문을 높인 것은 진(晉)나라78) 시대부터인데

누가 기자(箕子)의 땅79)도 이와 같이 만들었나?

궁중의 서책에는 간혹 장군(將軍)도 있었건만

밑으로 내려와서는 오히려 안타까운 지사(志士)가 많아라.

낙국(洛國)의 과거 합격자들은 젖비린내 나는 아이들이고

---

76) 삼연(三淵) : 김창흡(1653~1722)을 말한다. 삼연은 그의 호다. 서울 출신으로 본관은 안동(安東), 자는 자익(子益)이다. 좌의정 김상헌의 증손자이고, 아버지는 영의정 김수항이며, 형으로 영의정을 지낸 김창집과 예조판서ㆍ지돈녕부사 등을 지낸 김창협(金昌協)이 있다.

77) 우옹(尤翁) : 송시열을 가리킨다. 우옹은 그의 호다. 황윤석은 노론의 인물들이 성인(聖人)으로 추존했던 송시열에 대해 깊은 존경심을 보이는 시들을 여러 편 남겼다.

78) 진(晉)나라 : 위진 남북조 시대(魏晉南北朝時代)의 중국 왕조. 서진(265~317)과 동진(317~420)으로 구분된다. 사마씨(司馬氏)가 세운 왕조다.

79) 기자(箕子)의 땅 : 우리나라를 가리킨다.

사간원(司諫院)의 고위 공직자들은 푸른 말을 탄 아이들이네.

그대 보시게, 양씨(梁氏)80)가 의주(義州)에서

강 구름 보며 눈물 한 줄기 떨군 시(詩)를.

雜詠 四律

四千來歲隔陶唐, 星乙子今百半强.
虞夏商周一宇宙, 皇王帝伯幾興亡.
治由刑政明君小, 亂本恬嬉壞紀綱.
堪笑風塵名利子, 朋偏還起蕩平場.

仙李乾坤三百年, 如何黨痼苦難痊.
初因議論稍乖角, 終致名標自滾纏.
不識陰陽那介是, 還應淑慝兩邊懸.
千秋定有同歸處, 岱嶽東尊北斗天.

眞英雄出戰兢中, 六十年前渤海東.
截鐵斬釘剛大氣, 闢邪閑聖古今功.

---

80) 양씨(梁氏) : 남원 양씨인 양대박(梁大樸), 양경우(梁慶遇) 부자를 말한다. 양대박은 아들 양경우와 함께 임진왜란 때 의병을 일으켰으며, 양경우는 시에 아주 뛰어났다.

誰知黑水餘波汚, 更與西溪濁浪通.
珍重三淵老居士, 障川一葦亦尤翁.

競尙家門自晉時, 誰敎箕域亦同斯.
中書或有將軍坐, 下位還多志士悲.
洛國靑雲紅粉榜, 薇垣華蓋綠駬兒.
君看梁氏龍灣上, 淚落江雲一縷詩.

창작 시기 : 영조 23년 정묘년(1747, 19세)
출전 : 《이재난고》 1책 1권 64쪽, 《이재유고》 1권 20~21
쪽. (유고에는 둘째 수만 실려 있다.)

작품 해설

　떠오르는 대로 지은 네 수의 율시다.

　첫째 수는 요임금의 가르침이 4000년 이상 지나면서 뛰어난 왕이 드물어졌다고 아쉬워한다. 그래서 황윤석이 살던 당시 조선의 정치 상황도 명성과 이익만 좇는 사람이 가득하다고 아쉬워한다.

　둘째 수에서는 조선이란 나라가 세워진 지 300년이 되는 동안 붕당이라는 파벌 싸움은 나아지지 않고 있는 현실을 탄식한다. 당시 임금이었던 영조는 탕평책을 펼쳐 이런 파벌 싸움을 막으려고 했지만 파벌 싸움은 왕의 힘으로도 없앨 수 없었다. 그래서 황윤석은 이처럼 어려운 시기일수록

태산같이 자기의 자리를 지키고 북두성같이 세상의 이정표가 되었던 공자의 가르침을 따라야 한다고 말한다.

  셋째 수에는 붕당 정치의 폐단이 만연할 즈음 우리나라를 바르게 이끌 수 있는 인물은 송시열뿐이었다는 황윤석의 생각이 드러난다. 그래서 흑수로 오랑캐의 침범을 비유하고 서계로 송시열을 비난하는 사람을 비유하면서 송시열의 공적을 찬양하고 있다.

  넷째 수의 1~2구에서는 몇몇 가문 중심으로 우리나라의 권력이 유지되고 있다고 말한다. 황윤석은 중국 역사를 보면서 진(晉)나라 시대부터 이른바 권세가(權勢家)라는 개념이 생겼다고 생각했다. 이런 권세가의 개념이 우리나라에도 스며들어 당시 주요 요직을 소수의 가문에서 차지하고 있는 사실을 '누가 기자의 땅도 이와 같이 만들었나?'라는 구절로 표현했다. 3~4구에서는 오래전에는 벼슬한 선조(先祖)가 있었지만 근래에는 수대에 걸쳐 관료가 나지 않은 집안 형편을 한탄하고 있다. '중서(中書)'는 궁중의 일을 기록한 책을 가리킨다. 이런 기록에 따르면 황윤석의 선조였던 고려 시대 보국공신 평해군 황숙경이 살아 있었을 때에는 집안이 번성했다. 하지만 후대에 와서는 관료로 이름을 날린 사람이 없었다. 지사(志士)의 안타까움이 많았다는 것은 황윤석의 할아버지 황재만과 작은할아버지 황재중이 뛰어난 학문에도 불구하고 기사사화81)를 만나 과거 시험을 포기하고 은거한 일을 말한다. 5구에서는 당시의 과거 제도에 문제가 많았다고 지적한다. 낙국(洛國)은 보통 가락국(駕洛國)을 가리키는데 여기서는 '조선'을 대신하는 표현으로 사용한 것 같다. 직접적으로 조선을 지적하기 껄끄러워 고대의 한 나라 이름을 빌려 온 것이다. 《임하필기》에 따르면 고려 시대에 윤취라는 인물이 과거 시험을 관장하면서 모두 세도가의 자식들만 뽑았던 적이 있었다. 당시 사람들이 이를 비판하면서 '홍분방(紅粉榜)'이라 불렀다고 한다. 고려 시대의 문란했던 과거 제도만큼이나 당시의 조선도 과거 시험이 공정하지 않았다고 비판하고 있는 것이다. 7~8구의 양씨는 양대박과 양경우 부자(父子)를 가리키는 것으로 보인다. 이 부자는 임진왜란 때 의병을 일으켜 공을 세웠다. 황윤석은 세도가의 자제들이 쉽게 과거 시험에 합격하는 현실과 자발적

---

81) 기사사화 : 기사환국이라고도 한다. 1689년(숙종 15) 서인이 실각하고 남인이 권력을 잡은 사건이다. 숙종의 계비 인현 왕후에게 아들이 없자 숙종은 장 희빈의 아들(후에 경종)을 세자로 책봉하려고 했다. 서인은 이를 반대했고 남인은 찬성했다. 이를 반대하는 과정에서 서인의 영수 송시열은 사약을 받았다. 이로써 경신환국 이후 권력을 잃었던 남인이 다시 정권을 장악하게 되었다.

으로 의병을 일으켜 나라를 구한 양씨 집안을 대비하고 있다. 가문의 힘만 믿고 나라의 임용 행정을 파괴하는 세도가와 부자(父子)가 함께 목숨을 걸고 의병 활동을 한 지방 양반의 사례를 통해 호남의 이름 없는 집안 출신인 자신이 가야 할 길을 암시한다. 양씨가 지은 시가 무엇인지는 정확히 알 수 없다. 하지만 문맥상 국난(國亂)을 가슴 아파하는 내용이 아닐까 추측한다.

섣달그믐[82] 나흘 전에 큰 눈이 왔다 율시 네 수

섣달의 후반부라 바람 불고 눈은 마을에 가득한데
시간이 아주 빠르단 걸 비로소 알겠네.
의황(毅皇)[83] 원년(元年)에서 거듭 갑자를 돌았고[84]
증조할아버지의 기일(忌日)[85]도 또 한 번 지났지.
북두성은 이미 마갈궁(磨羯宮)[86] 자리를 떠났고
용전(龍躔)[87]은 응당 수성(壽星)[88] 자리에 들리라.

---

82) 섣달그믐 : 음력으로 한 해의 마지막 날.
83) 의황(毅皇) : 중국 명나라의 마지막 황제였던 숭정제(1610~1644)를 말한다.
84) 거듭 갑자를 돌았고 : 갑자는 60년이다. '거듭 갑자를 돈 것'은 120년을 말한다. 의황(毅皇) 재위 원년인 1627년에서 120년을 더하면 황윤석이 이 시를 지은 1747년이 된다.
85) 기일(忌日) : 해마다 돌아오는 제삿날을 가리킨다.
86) 마갈궁(磨羯宮) : 황도(黃道) 12궁의 열 번째 궁이다. 동지(冬至)에서 대한(大寒)까지 태양이 이 궁에 있게 된다고 한다.
87) 용전(龍躔) : 고대의 별자리인 창룡(蒼龍) 자리를 가리킨다. 창룡은 고대의 별자리인 이십팔수(二十八宿) 가운데 각(角)·항(亢)·저(氐)·방(房)·심(心)·미(尾)·기(箕)의 일곱 별을 가리킨다. 동쪽에 있으면서 그 모양이 용과 같다 해서 이렇게 부른다고 한다.

올겨울 이날 유난히도 기니
돌아보니 아득하네, 지나간 흔적들이.

큰 눈이 밤 내내 내렸으니
멀리 산은 몇 길이나 높아졌겠네.
사람들은 문을 닫아 나가는 이 없고
새는 가지를 잃고 울고 있구나.
글을 써도 손가락이 굽혀지지 않고
아기 안느라 잠도 설쳤네.
고향 땅 가는 길이 막혀 버렸으니
고향이 그리워도 꺾여 버린 칼인 것을.

마지막 달도 삼십 일에 가까우니
검은 하늘은 북명(北冥)89)에서 높겠지.

---

88) 수성(壽星) : 인간의 수명(壽命)을 관장하는 별이다. 《사기》의 천관서(天官書)에 따르면, 이 별이 나타날 때에는 국가가 편안해지고 왕의 수명이 연장되는 반면, 보이지 않게 될 때에는 전란이 일어난다고 한다. 노인성(老人星)·남극성(南極星)·수노인(壽老人)·남극노인(南極老人) 등의 별칭을 가지고 있다.
89) 북명(北冥) : 북쪽에 있다고 하는 큰 바다.

수풀은 모두 다 하얗고 하얘서
어디에도 없다네, 파랗고 파란 곳이.
동산에 대나무만이 외로이 눈을 받치고
화분 속 치자[90]만이 홀로 향기 품었네.
언제라야 밝은 해가 떠올라서
내 초가집 창문을 비춰 주려나?

큰 바람이 눈을 몰아 외딴 마을 뒤덮고
우리 집 대나무 창문을 흔들어 종이 찢겨 펄럭이네.
무슨 일로 음기(陰氣)를 벌여 햇빛을 꺾으려는가?
다만 내년에 새로 뜨게 하려고 그런 거겠지.
그래도 그만두게, 문 두드리며 찾아오는 나그네여.
정녕 매서운 추위가 두려워 문을 꼭꼭 닫게 된다네.
그림 속 매화에게 봄소식을 물으려 하니

---

90) 치자 : 꼭두서니과 치자속에 속하는 식물이다. 나무의 높이는 약 1.5미터에서 2미터 정도다. 잎은 마주나고 꽃은 6월과 7월경에 흰색으로 피며, 가지 끝에 달리고 향기가 좋다. 꽃받침은 끝이 6갈래 또는 7갈래로 갈라지고, 꽃잎도 6갈래에서 7갈래로 갈라지며, 수술은 6개에서 7개 정도다. 열매는 긴 타원형으로 9월에 노란빛을 띤 붉은색으로 익는다. 약재로 쓴다.

장원(壯元)[91] 소식은 붓끝에 있을까?

除夕前四日大雪 四律

臘後天風雪滿村, 流光始覺劇飛黐.
毅皇元歲重回甲, 曾考睟年又一番.
衡紀己辭磨羯建, 龍韁應入壽星門.
來冬此日還能久, 看取茫茫過去痕.

大雪一宵後, 遙山幾丈高.
人無關戶出, 鳥有失枝號.
寫字指難屈, 抱兒睡不牢.
故園歸路隔, 鄉心更折刀.

臘月近三十, 玄天驕北冥.
有林皆白白, 無地可靑靑.
園竹孤孥重, 盆梔獨保馨.
何時旭日出, 照我草堂欞.

大風駈雪壓孤村, 拘我笁窓破紙黐.
底事羅陰摧急景, 只緣明歲上新番.
且休剝喙頻來客, 正怕隆寒密掩門.

---

91) 장원(壯元) : 과거 시험에서 수석으로 합격하는 것을 말한다.

欲向畵梅問春信, 壯元消息筆頭痕.

창작 시기 : 영조 23년 정묘년(1747, 19세)
출전 : 《이재난고》 1책 1권 64쪽.
작품 해설

  한 해의 마지막을 보내며 지난날을 아쉬워하고 있다. 추위에 손가락이 얼어 붓도 쥐기 어려운 상황에서 한 해의 마지막을 고향이 아닌 곳에서 보내고 있다. 집으로 가려 해도 눈에 막혀 갈 수 없어 이렇게 시로 마음을 달랜다. 마지막 시에서는 그림 속 매화에게 언제 봄이 찾아올지 그리고 새로운 봄에는 과거 시험에 합격할 수 있을지 물어보고 있다. 한 해의 마지막을 보내며 다가오는 새해에는 부디 자신의 소망을 이룰 수 있기를 기대하고 있다.

무진년(1748) 정월 초하루 비로소 용성(龍城)[92]으로 출발했다. 용두산[93]을 지나다가 아버지 말씀을 기록했으니 느낀 점이 있었기 때문이다

이하 모두 여행 중의 기록이다.

    아산(鵝山)[94] 월곡(月谷)[95] 두 마을의 길은

    밝은 빛 아래 구불구불 외길의 여정이네.

    오가며 절을 올리는 건 누가 시켜서이겠는가?

    구천(九泉)[96]에도 조상과 자손의 정이 매여 있기 때문

---

92) 용성(龍城) : 남원(南原)의 옛 이름이다. 《국역 이재유고 I》에 따르면 황윤석은 영조 24년 무진년(1748, 20세) 봄 정월에 결혼했고 3월에 남원 월곡(月谷)에서 처가살이를 했다고 한다. 그렇다면 이즈음의 시는 분명 결혼식을 하러 가면서 지은 것이다.

93) 용두산 : 현 전라남도 장성군에 위치하고 있다. 이재 연보에는 태인(泰仁) 용두산(龍頭山)이라고 되어 있다. 시 내용으로 보아 이 부근에 황윤석 집안의 가묘(家廟)가 있었던 듯하다.

94) 아산(鵝山) : 전라남도 화순군 북면에 백아산(白鵝山)이 있다.

95) 월곡(月谷) : 황윤석의 처가인 남원(당시 지명 용성)의 월곡을 말한다.

96) 구천(九泉) : 땅속 깊은 밑바닥이란 뜻으로, 죽은 뒤에 넋이 돌아가는 곳을 이르는 말이다.

이지.

> 戊辰正朝, 始啓龍城行. 過龍頭山記家君語, 有感
> 以下皆紀行
>
> 鵝山月谷兩村行, 塋下邐迤一路程.
> 來謁去參誰所使, 九泉應係祖孫情.

창작 시기 : 영조 24년 무진년(1748, 20세)
출전 : 《이재난고》 1책 1권 64쪽.
작품 해설

　혼례를 올리기 위해 떠나는 날 지은 시로 보인다. 특이한 점은 시 속에서 혼례와 관련한 내용을 드러내지 않았다는 것이다. 제목에도 용성으로 간다는 내용이 있을 뿐이다. 첫 구의 아산(鵝山)은 남원(당시 용성) 아산(阿山)을 가리키는 것으로 보인다. 월곡(月谷)은 남원에 있는 처가 마을이다. 3구에서 '오가며 절을 올리는 건'이라고 한 것은 혼례를 올리기 위해 길을 떠나기 전에 조상의 묘소에 절을 올린 것을 말하는 듯하다.

능암[97]에서 자다

능암에 봄비가 저녁 무렵 부스스 내리니
낙엽이 정녕 쌓인 눈을 재촉해서 녹이겠네.
듣자니 울타리 너머에는 사나운 범도 많아서
어두운 시간에는 다니지 못하게 한다네.

宿綾巖

綾巖春雨暮蕭蕭, 山葉應催長雪消.
聞說欒藩多猛虎, 莫敎行色犯昏宵.

창작 시기 : 영조 24년 무진년(1748, 20세)
출전 : 《이재난고》 1책 1권 64쪽.
작품 해설

  여정 중에 묵었던 능암에서의 일을 기록했다. 봄비가 내려 눈을 녹이던 모습, 호랑이가 출몰하기 때문에 늦은 시간에는 길을 떠나지 못한다는 마을 사람들의 말을 기록해 두

---

97) 능암 : 고지명에 나오지 않는다. 여정 중에 지나가던 작은 마을의 이름인 듯하다.

었다. 이 시에서도 자신의 혼인에 대해서는 한마디도 언급하지 않고 있다.

운암강(雲巖江)98)

종산(鍾山)의 갈역(葛驛)까지 장정(長亭)99)이 네 번인데
그 사이에 있는 운암강은 강물이 맑았다네.
여울가 나룻배는 사람 받지 않는데
들판의 새들은 누구 때문에 날아가나?

雲巖江

鐘山葛驛四長亭, 中有雲巖江水淸.
灘上小舢人不受, 野禽飛盡爲誰橫.

창작 시기 : 영조 24년 무진년(1748, 20세)
출전 : 《이재난고》 1책 1권 64쪽.
작품 해설

---

98) 운암강(雲巖江) : 고지명 사전에 운암강은 검색되지 않는다. 운암천(雲巖川)은 전라북도 임실군 운암면에 있다고 한다.
99) 장정(長亭) : 고대 중국에서는 도로의 10리(里)마다 정자를 세워서 여행객들이 쉬거나 혹 가까이에 있는 사람들이 배웅할 수 있도록 했다. 단정(短亭)은 5리마다 있었다.

네 번의 장정(長亭), 즉 16킬로미터를 이동하면서 만난 운암강의 모습을 묘사했다. 긴 여정에 지칠 무렵 만난 운암강의 강물은 참으로 맑았다. 그리고 사공도 없이 운암강 가에 매여 있는 배와 강 주위를 떼 지어 나는 새들을 바라보며 잠시 감상에 젖었다.

정오(正午)에 갈담역(葛潭驛)[100]에서 쉬다

역루(驛樓)[101] 추운 날이라 맑은 연기도 푸르스름하고
누각 너머 산들은 저절로 병풍이 되네.
지나는 여행객 버드나무 너머에 말을 세우고는
용성(龍城)은 이곳에서 장정(長亭)이 몇 개인가?

午憩葛潭驛

驛樓寒日淡烟靑, 樓外群山自作屛.
過客停驂疎柳外, 龍城此去幾長亭.

창작 시기 : 영조 24년 무진년(1748, 20세)
출전 : 《이재난고》 1책 1권 65쪽.
작품 해설
　점심 무렵에 갈담역에서 쉬면서 느꼈던 감정을 기록했

---

100) 갈담역(葛潭驛) : 고지명 사전에는 전라북도 임실군 강진면 갈담리에 '갈담(葛覃)'이 있다. 갈담역은 이 부근에 있었을 것으로 추정된다.
101) 역루(驛樓) : 역의 누각에 사람이 쉴 수 있도록 만들어 놓은 방.

다. 날씨가 추워서 역에서 올라오는 연기마저 차갑게 느껴지고 역의 누각을 둘러싼 산들은 병풍처럼 보였다. 황윤석은 갈담역에 말을 세웠다. 그곳에서 잠시 쉬면서 여기서부터 목적지인 용성까지는 몇 리나 남았을지 헤아려 보았다.

한치(寒峙)에 올라 보현봉(普賢峰)102)을 바라보다

불경에 따르면 습득(拾得)103)은 보현보살의 화신이라고 한다.

아득하구나, 습득이 열반(涅槃)104)한 넋이
윤회를 거듭하며 몇 번이나 환생했는지?
그대 보시오, 죽은 뒤의 몸은 천억으로 나뉘어
하늘 저편에 나발(螺髮)105)로 높이 서고 섰으니.

上寒峙望普賢峰

釋書云拾得化身爲普賢菩薩.

茫茫拾得沮槃魂, 出入風輪轉幾番.
君看化後身千億, 天外螺髮立立尊.

---

102) 보현봉(普賢峰) : 전북 남원시 보절면에 있는 보현산(普賢山)을 가리키는 듯하다.
103) 습득(拾得) : 당나라 때 천태산 국청사에 있던 승려. 정관 연간 (627~649)에 살았다.
104) 열반(涅槃) : 모든 번뇌의 얽매임에서 벗어나고, 진리를 깨달아 불생불멸의 법을 체득한 경지.
105) 나발(螺髮) : 불상 중 소라 모양으로 된 여래상의 머리카락. 나계라고도 한다.

창작 시기 : 영조 24년 무진년(1748, 20세)
출전 : 《이재난고》 1책 1권 65쪽, 《이재유고》 1권 21쪽.
작품 해설

　　혼례를 위해 길을 가다가 보현봉(普賢峰)을 바라보게 되었다. 보현봉이라는 이름은 대승 불교의 보현보살에서 가져온 것이다. 황윤석은 보현봉을 보면서 보현보살의 화신으로 알려진 승려 습득을 떠올렸다. 나발(螺髮)은 소라 모양을 하고 있는 불상의 머리카락을 가리킨다. 황윤석은 낱개의 나발이 산의 모습과 비슷하다는 점에 착안해서 죽은 습득이 보현이라는 이름을 가지고 세상의 여러 곳에서 봉우리로 서 있다고 말하고 있다. 습득과 보현봉, 나발과 산을 연상해서 창작한 황윤석의 시적 재능이 돋보인다.

팔공산(八公山)106)을 바라보다

장수 땅에 있다. 원래 이름은 성수산(聖壽山)107)인데 팔공암이 있다. 신라 승려 원효가 머물던 곳이며 지금은 팔공산이라 부른다.

회왕(淮王)108)의 손님은 오색구름 계수나무와 어울렸고
부견(苻堅)109)의 군대는 초목(草木)의 병사(兵士)에 놀랐지.
비수(淝水)110)와 소산(小山)111)은 여기 없지만

---

106) 팔공산(八公山) : 전라북도 진안군 백운면과 장수군 장수읍 경계에 있는 산. 높이 1151미터다. 소백산맥이 끝나고 노령산맥이 시작되는 지점에 있다.
107) 성수산(聖壽山) : 전라북도 임실군 성수면에 있다.
108) 회왕(淮王) : 일반적으로는 한나라 회남왕(淮南王)인 유안을 가리킨다. 그런데 여기서는 황윤석이 진(晉)나라 시대 최표가 지은 《고금주 · 음악(古今注 · 音樂)》의 내용을 참고한 것 같다.
109) 부견(苻堅) : 중국 전진(前秦)의 왕이다.
110) 비수(淝水) : 전진의 왕 부견이 동진(東晉)에 패배했던 곳이다.
111) 소산(小山) : 회남왕의 문객(門客) 가운데 소산(小山)이 지은 〈초은사(招隱士)〉에 "계수나무 가지를 잡고 애오라지 머무니, 범과 표범이 싸우고 큰 곰과 작은 곰이 포효한다"라는 구절이 있다. 〈초은사〉는 은자(隱者)를 세상으로 부르는 노래다. 나중에는 은거를 지향하는 의

우연히 오랜 뒤에 같은 이름이구나.

望八公山

長水地. 本名聖壽山, 有八功庵, 羅僧元曉住處, 今呼八公山.

淮王客伴五雲桂, 荷虜軍驚草木兵.
淝水小山不在此, 偶然千古亦同名.

창작 시기 : 영조 24년 무진년(1748, 20세)
출전 : 《이재난고》 1책 1권 65쪽.
작품 해설

  혼례를 위해 길을 가던 중에 팔공산(八公山)을 만났다. 황윤석은 팔공이란 이름에서 두 가지 이야기가 떠올랐고 이를 이용해서 시를 지었다.

  첫째 구절은 악곡 〈회남왕(淮南王)〉의 창작 배경과 관련한 이야기다. 진(晉)나라 시대 최표가 지은 《고금주 · 음악(古今注 · 音樂)》에 따르면 회남왕은 입는 것과 먹는 것을 신선과 같이 하고 싶어 했다. 그래서 신선술 닦는 사람들을 두루 예법으로 대했다. 회남왕은 마침내 여덟 명의 신선술

―――
미로 쓰였다.

닦는 사람[八公]과 함께 떠났는데 끝내 있는 곳을 알 수 없게 되었다. 그래서 왕의 가족과 신하들이 그리움을 떨치지 못하고 마침내 악곡 〈회남왕〉을 지었다고 한다.

둘째 구절은 중국 전진(前秦)의 왕 부견에 관한 이야기다. 전진의 왕 부견이 비수의 전투에서 패배하고 그의 아우 부융과 함께 수춘성으로 올라가 진(晉)나라 군대를 바라보자 진용이 정연하고 장사들이 씩씩했다. 또 북쪽을 바라보니 팔공산의 초목이 모두 사람 모양 같았다. 부견은 부융에게 "이 또한 강한 적이다. 어찌 보잘것없다고 말했단 말인가?"라며 두려워했다고 한다.

나그네 마음

정월 초사흘 무자(戊子)일, 이날 저녁 깊이 잠들지 못했다. 김설산 아저씨와 노엽 형이 실제로 요객(繞客)[112]이었다. 내 성씨의 가까운 친척이 없다는 것이 아쉬웠다.

    객관(客舘)[113]에서 좋은 날 지내며
    비로소 서쪽에 있는 달을 보았네.
    마음은 서해(西海) 길에
    근심은 멀리 강물 소리 밖에.
    굿하는 북소리는 마을 어느 곳인가?
    새벽녘 거위 소리에 꿈에서 쉬이 놀랐네.
    작은 병풍 남은 촛불 그림자에
    거의 절반은 돌아가고픈 마음이라네.

客懷

    同月初三日戊子, 是夕問牢. 金叔薛山盧兄爗實爲繞客. 吾姓之無

---

112) 요객(繞客) : 신부 집에서 혼례를 올리기 위해 신랑과 같이 온 사람을 가리킨다. 의빈(儀賓)이라고도 하고 위요(圍繞)라고도 한다.
113) 객관(客舘) : 손님을 접대하기 위해 준비한 거처를 가리킨다.

至親可嘆也.

　　客舘經元日, 初看月在庚.
　　意中西海路, 愁外遠江聲.
　　儺鼓村何處, 晨鵝夢易驚.
　　小屛殘燭影, 太半是歸情.

창작 시기 : 영조 24년 무진년(1748, 20세)
출전 : 《이재난고》1책 1권 65쪽.
작품 해설

　《국역 이재유고 I》의 이재 선생 연보를 보면 황윤석은 1748년 20세 되던 해 정월에 창원 정씨와 혼인한 것으로 나온다. 이를 참고한다면 앞서 나온 시는 혼례 며칠 전에 지었고, 이 시는 혼례 당일에 지었다. 주목할 점은 주위 경관과 고향에 대한 그리움을 노래할지언정 배우자에 대해 궁금한 점이나 앞으로의 결혼 생활에 대한 언급이 하나도 없다는 사실이다.

　7~8구에서는 고향에 대한 간절한 그리움을 드러냈다. 밤새 타오르던 등잔불은 이제 기름이 얼마 남지 않았다. 약해진 등잔의 불빛이 작은 병풍에 일렁이는 그림자를 그려낸다. 황윤석은 그 그림자를 바라보면서 '돌아가고픈 마음'이 거의 절반이라고 말한다. 황윤석은 왜 이런 말을 했을까?

제목의 주석에서 말한 것과 같이 혼례를 치르기 위한 이번 여행길에 동행한 사람은 김설산 아저씨와 노엽 형뿐이었다. 부모님을 비롯한 가까운 친척은 없었다. 이와 같이 친영의 방식으로 혼인을 하게 된 황윤석은 부모님 생각이 나지 않을 수 없었을 것이다. 신부와 함께 다시 본가로 가서 나머지 혼례 절차를 치르기야 하겠지만, 지금 당장 부모님이나 가까운 친척이 없다는 사실은 큰 허전함으로 다가왔을 것이다. 따라서 '돌아가고픈 마음'이 거의 절반이나 차지하게 된 것이 아닐까 생각한다.

객지에서 노 형과 헤어지고 김씨 아저씨도 돌아가시니 불편한 마음이 멈추지 않았다. 손님 중에 취해서 장난치는 사람이 운(韻)을 부르기에 마침내 그것으로 내 마음을 풀었다

듬성듬성한 대나무 숲으로 물이 천 가구의 집에 흐르니
아득히 먼 봄 숲에 저녁 까마귀 모여 있네.
고개 돌려 맑은 강을 보니 서로 작별한 곳인데
산 구름과 교외의 눈밭으로 석양이 비치네.

客中與盧兄相別, 金叔又歸, 心憶作惡, 何可已也. 客有醉戲者呼韻, 遂以抒懷

疎篁流水一千家, 渺渺春林集晚鴉.
回首淸江相別處, 嶺雲郊雪夕陽斜.

창작 시기 : 영조 24년 무진년(1748, 20세)
출전 : 《이재난고》1책 1권 65쪽.
작품 해설

혼례에 참석하기 위해 같이 왔던 노엽 형과 김설산 아저씨는 먼저 귀향하시고 황윤석 혼자만 남았다. 낯선 곳에 홀

로 남은 마음이 편하지 않았다. 그러던 중에 혼례에 참석하신 어떤 손님이 운자를 부르며 시 짓기를 청했다. 황윤석은 손님의 요청에 응해서 위의 시를 지었다. 비교적 쉬운 단어를 사용해서 주변 경관의 모습을 아름답게 표현했다.

매화 그림

손님이 또 장난치기를 "내 이미 많이 취했는데 그대는 유독 멀쩡하니 분명히 내 죄가 작지 않네. 시로 갚아도 되겠소?"라고 하고는 드디어 병풍의 매화와 새 그림으로 운을 불렀다. 또 "어려운 운자로 서로 괴롭혀 골똘히 빠지도록 하는 것이 좋겠네"라고 했다.

    산마루에서 편지를 잉어에게 주고[114]
    파교(灞橋)에서 눈밭 헤치며 푸른 노새 끌고 가네.
    한 폭 병풍에서 향기는 찾기 어려우니
    그제야 용(龍) 고기 먹은 이야기는 돼지고기를 실제로 먹는 것과 다르다는 걸 믿겠네.

畫梅

客又戲曰 : "吾旣大醉, 君獨醒, 必矣我矣其罪不細. 詩贖可乎?" 遂而屛風畵梅禽題呼韻. 且曰 : "以僻字相苦, 使之醉於沉吟可也".

    隴首傳書替鯉魚, 灞橋披雪引靑驢.

---

114) 편지를 잉어에게 주고 : 중국 당나라 때 시인들은 잉어를 통해 소식을 전한다는 표현을 더러 썼다. 이 구절에서 황윤석이 당나라 시인들의 영향을 받았다는 사실을 알 수 있다.

屛風一幅香難索, 方信談龍異食猪.

창작 시기 : 영조 24년 무진년(1748, 20세)
출전 : 《이재난고》 1책 1권 65쪽.
작품 해설

  앞의 시에서 황윤석의 시 짓는 재능을 파악한 손님은 장난기가 발동해서 다시 한번 황윤석에게 운자를 불렀다. 이번에는 그냥 운자만 부른 것이 아니라 매화와 새를 그린 병풍의 그림을 제목으로 정하고, 어려운 글자를 운자로 삼았다. 그 제목과 운자에 따라 황윤석은 위와 같은 시를 지었다.

  1~2구는 병풍 속 그림의 모습을 묘사한 것으로 추정된다. 3~4구에서는 매화 그림이 아무리 뛰어나더라도 실제 매화와는 비교할 수 없다는 뜻을 드러냈다. 제목을 지정하고 어려운 글자를 운자로 삼았지만 황윤석은 이용해서 훌륭하게 시를 지었다는 것을 알 수 있다.

절구

또 세 글자의 운자를 부르며 말하기를 "어제 혼례를 뜻으로 삼아 짓는 것이 좋겠다"라고 했다.

언제 월하노인[115]이 서책을 살폈기에
지금 맑은 강 강가 초막에 이르렀나?
여러 현명한 분들과 마주해서 좋은 말씀 나누니
내 마음 산과 바다에서 섬돌과 호미를 얻었네.

絶句

又呼三字曰: "以昨日吉禮爲義可也".

何時月老擬冊書, 今到淸江江上廬.
共對諸賢接軟語, 寸心山海得除鋤.

창작 시기 : 영조 24년 무진년(1748, 20세)
출전 : 《이재난고》1책 1권 65쪽.

---

115) 월하노인 : 부부의 인연을 맺어 준다는 전설 속 늙은이. 중국 당나라 때 위고라는 사람이 달밤에 어떤 노인을 만나 장래의 아내에 대한 예언을 들었다는 데서 유래한다.

작품 해설

    황윤석은 1748년 음력 1월 3일에 혼례식을 올렸다. 제목의 주석에 따르면 이 시는 1748년 음력 1월 4일에 지었다. 손님은 황윤석의 시 짓는 재주가 마음에 들었던지 다시 세 글자의 운자를 정하고 어제의 혼례를 내용으로 시를 지어 보라고 요청했다.

    요청에 따라 황윤석은 1~2구에서 혼례의 짝을 정해 준다는 월하노인을 등장시켜 어제 있었던 혼례의 뜻을 담았다. 3구에서는 계속해서 운자를 주면서 시를 지어 보라는 손님을 '현명한 분'이라고 추켜세우고 있다. 4구에서는 이런 분들 덕분에 낯선 곳에 홀로 있어 막막했던 심정이 마치 산과 바다에서 돌계단과 호미를 얻은 것처럼 위안이 된다고 말한다. 상대방의 짓궂은 장난도 시 속에서 너그럽게 승화시킨 황윤석의 재주가 돋보인다.

다음 날 아침, 손님이 경(庚) 자 운(韻)을 차운해서 보내셨기에116) 또 그 운에 따라 답장으로 부쳤다

어제 저녁 아름다운 응답 시가 있더니
어째서 항상 태양이 서쪽에 있을 때인가?
여양왕(汝陽王)117)은 말술 먹을 배포가 있었는데
고래 머리는 우렛소리에 막혔네.
어린아이는 새 글을 펼치는데
황화(皇華)의 노래는 내 속된 귀를 놀라게 하네.
용성(龍城), 이곳에 온 이후로
조금씩 멀리 온 나그네의 마음 너그러워지네.

---

116) 경(庚) 자 운(韻)을 차운해서 보내셨기에 : 앞에 나온 〈나그네 마음(客懷)〉이 경(庚) 자 운(韻)이다. 손님이 이 시의 운자를 차운한 시를 보낸 것이다.

117) 여양왕(汝陽王) : 이진(李璡). 음중팔선(飮中八仙), 즉 중국 당나라 때 시와 술을 좋아한 8인의 시인 중 한 명이다. 두보(杜甫)는 술과 관련한 일화를 가진 하지장(賀知章)·왕진(여양왕 이진)·이적지(李適之)·최종지(崔宗之)·소진(蘇晉)·이백(李白)·장욱(張旭)·초수(焦遂)의 8인을 소재로 7언 고시(七言古詩)인 '음중팔선가(飮中八仙歌)'를 지었는데, 음중팔선(飮中八仙)은 이 시에서 유래했다.

明朝客次送庚韻, 又步卻寄

昨夕瓊應報, 何須日直庚.
汝陽綠斗胆, 鯨首瀋雷聲.
玉稚新詞展, 皇華俗耳驚.
龍城從此後, 稍寬遠客情.

창작 시기 : 영조 24년 무진년(1748, 20세)

출전 : 《이재난고》 1책 1권 65쪽.

작품 해설

창화시를 지어 보내 준 손님에게 감사하며 답례로 지어 보낸 시다.

1748년 음력 1월 3일은 황윤석이 혼례를 치른 날이다. 주위에 아는 사람이라고는 하객으로 참석한 친척 두 명밖에 없었다. 모든 것이 낯선 새신랑에게 취기를 빌미로 한 손님이 운자를 불러 주었고 서로 몇 수의 시를 주고받았다.

황윤석은 혼례식에서 있었던 그 창화로 그 손님과의 인연이 끝인 줄 알았다. 그런데 아침이 되자 그때 그 손님이 자신이 지었던 경(庚) 자 운에 창화시를 보내 준 것이 아닌가? 그 시를 아침이 되자마자 받았으니 아마도 손님은 어젯밤에 고심하며 창화시를 지었을 것이다.

5~6구에서는 자신의 시를 낮추고 상대방의 시를 높여 주는 형식을 보여 준다. '어린아이'는 황윤석이 자신을 비유해 표현한 말인 듯하다. 자신은 손님의 요구에 따라 새로운 시를 펼치고 있는데 마치 '사신(使臣)의 능수능란한 시[皇華]'와 같은 손님의 시는 속된 황윤석의 귀를 놀라게 한다는 뜻이다.

　7~8구에서는 자신에게 창화시를 보내며 호의를 보여 준 손님 덕택에 마음의 문이 조금씩 열리고 있다고 말한다. 혼례를 위해 도착한 이곳 용성은 황윤석에게는 낯선 곳이다. 모든 것이 어색한 상황에서 손님 한 분이 혼례식에서 운자를 불러 주며 함께 창화했고 오늘도 다시 창화시를 보내 주었다. 황윤석은 손님의 이와 같은 관심에 자신의 마음에 조금씩 정이 쌓여 간다고 말한다. 8구의 '멀리 온 나그네'는 흥덕에서 용성으로 온 자신을 말한다.

또 앞의 운을 써서 부쳐 드리다

처음 온 날 손꼽아 보니
돌아갈 날은 경일(庚日)118) 이후네.
농상(農祥)119)이 자오선에 뜬 새벽에
구름 속 기러기 무리를 부르는 소리.
고향으로 먼저 꿈에서 돌아가다
긴 여정에 몇 번이나 놀랐던가?
어리석은 내가 무슨 행운으로
굳건하게 깊은 정을 얻었나?

又申前韻寄呈

屈指初來日, 歸期在後庚.
農祥中午曉, 雲鴈喚群聲.
故國先回夢, 長程幾度驚.

---

118) 경일(庚日) : 천간에 경(庚)이 든 날을 가리킨다.
119) 농상(農祥) : 고대의 별자리 중 방수(房宿)를 가리킨다. 이 별자리는 봄에서 여름으로 넘어갈 즈음 하늘에서 두드러지게 보인다. 이때가 농사를 지을 시기이기 때문에 이 별자리를 '농상(農祥)'이라고도 한다.

愚生何幸爾, 繾綣得深情.

창작 시기 : 영조 24년 무진년(1748, 20세)
출전 : 《이재난고》 1책 1권 65쪽.
작품 해설

 손님의 운을 써서 다시 답시를 지어 보냈다. 1~2구에서는 혼인하러 온 날부터 계산해서 돌아갈 날을 헤아려 보고 있다. 황윤석은 반친영의 결혼 풍습에 따라 처가로 장가들러 왔다. 혼례는 1월 3일에 치렀다. 그런데 2구에서는 '경일(庚日)' 이후에 고향으로 돌아간다고 했다. 경일은 보통 무더운 여름날을 뜻한다. 그렇다면 대략 6개월 정도 머물다가 고향으로 돌아간다는 말이다. 당시 유행했던 반친영 제도에서 처가에 머무는 기간이 보통 1년에서 3년이었다는 것을 감안하면 다소 짧은 기간이다.

 3~4구에서는 새벽에 잠 못 들고 일어나 기러기 소리를 들었다고 말한다. '농상(農祥)'은 이십팔수의 넷째 별자리인 방수(房宿)를 뜻한다. 방수가 자오선에 떴다는 것은 농사를 시작할 무렵이 되었다는 것이다. 따라서 이 구절의 주석에 '6일이 입춘이다'라고 적어 놓았다.

 5~6구에서는 고향과의 거리가 멀리 떨어져 있다고 말한다. 고향은 더운 여름날이 되어야 돌아갈 수 있다. 그래서

지금은 꿈에서나 고향에 갈 수 있는 것이다. 7~8구에서는 시를 보내 준 손님에게 감사의 뜻을 표했다. 지금 황윤석이 시를 지어 전해 주려고 하는 사람은 혼례 날에 시를 주고받았고 이튿날에도 시를 보내 준 손님이다. 서먹할 수 있는 사이인데도 그 손님은 저녁에 따로 시를 지어 이튿날 아침에 전해 줄 만큼 황윤석에게 애정을 보였다.

    황윤석은 손님의 그 같은 태도가 한편으로는 어색하면서도 또 한편으로는 고맙게 생각되었을 것이다. 황윤석은 이곳에 아무 연고도 없다. 혼례에 참석하기 위해 동행했던 친척도 모두 돌아갔다. 그런 곳에서 늦은 시간에도 시를 적어 보내 준 손님의 정성에 마치 지기(知己)를 만난 느낌을 받았을 것이다. 황윤석은 그런 마음을 담아 마지막 두 구절을 지었다. '내가 무슨 복으로 이토록 아껴 주는 사람을 얻을 수 있었나?'라고.

손님이 또 경운(庚韻)으로 첩운(疊韻)[120]해서 내 시에 취한 것을 놀리는 뜻이 있었다며 꾸짖기에 내가 다시 차운해서 사죄를 드렸다

죄송스러워 앞에 말한 농담 취소하려고
새 글로 다시 고치기를 청하네.
옥유(玉蕤)[121]는 아직 손에 있고
금석(金石)[122]엔 맑은 소리 있네.
갑자기 얼굴에 봄바람 맞고
도리어 근심하며 밤도깨비에 놀라네.
처음 얻은 보배를 집에 보내며
오래 사귄 정(情)을 자랑하려네.

---

120) 첩운(疊韻) : 앞에 썼던 운을 다시 써서 시를 짓는 것을 가리킨다.
121) 옥유(玉蕤) : 옥유는 옥의 핵심이다. 도가(道家)에서는 이를 먹으면 신선이 될 수 있다고 한다.
122) 금석(金石) : 악기의 종류는 금(金), 석(石), 사(絲), 죽(竹), 포(匏), 토(土), 혁(革), 목(木)의 여덟 가지가 있다. 이것은 각각 그 악기를 만든 재료로 분류한 것이다. 이 중 금(金)은 편종이나 징 등 쇠로 만든 악기를 가리키고, 석(石)은 편경과 같이 돌로 만든 악기를 가리킨다.

客又疊庚韻, 呵余有譏醉之意, 余又步呈謝罪

悚反前言戲, 新章請革庚.
玉糞猶在手, 金石有淸聲.
悅對春風面, 還愁夜魅驚.
專家初得寶, 留詫故人情.

창작 시기 : 영조 24년 무진년(1748, 20세)
출전 :《이재난고》1책 1권 65~66쪽.
작품 해설

황윤석이 앞의 시에서 손님이 취했던 것을 여양왕에 비교하며 놀린 일에 대해 손님이 꾸짖는 시를 보내자 이전의 경운(庚韻)을 다시 사용해서 사죄의 뜻을 보였다.

1~2구에서는 손님이 취했던 것을 여양왕에 비교하며 놀린 것은 비록 장난으로 그랬던 것이지만 지금 그 일을 부끄러워하며 사죄의 시를 보내 드린다고 말한다. '앞에 말한 농담'은 손님이 언급한 '취한 것을 놀리는 뜻'이 담긴 말을 뜻한다. 여기에 대해 황윤석은 죄송스럽다면서 사죄의 뜻을 담아 전에 창화했던 경운을 고쳐서 새로 시를 지어 보낸다고 말한다.

5~6구에서는 새로운 절기인 봄을 맞이하면서도 새봄을

즐기지 못하고 오히려 마음 졸이는 모습을 그렸다. 황윤석은 스무 살의 봄을 맞이했고 이 봄날에 처가에서 혼례식을 올렸다. 가족도 없이 그저 먼 친척 두 명과 함께 처가로 왔다. 혼례식이 끝나자 그나마 있던 먼 친척도 떠나 버리고 낯선 고장에 홀로 남게 되었다.

한 해가 새로이 시작되는 절기인 봄이 되었고 이 좋은 계절에 인생의 전환점이 될 혼례식을 올렸다. 하지만 황윤석의 마음에는 희망과 즐거움보다는 앞날에 대한 두려움이 더 컸던 것 같다. 봄바람을 직접 맞이하고도 기뻐하기보다는 근심하며 밤의 적막에 놀라는 모습은 바로 이런 마음 상태를 표현하고 있는 것이다.

7~8구에서는 손님이 황윤석에게 준 시들을 고향에 계신 부모님께 자랑하겠다고 말하고 있다. '처음 얻은 보배'는 손님이 황윤석에게 준 시들을 말한다. 고향에 계신 부모님은 황윤석이 낯선 땅에서 마음 나눌 사람 하나 없이 홀로 있는 것을 걱정하고 계실 것이다. 그런데 다행히도 혼례식에서 만난 손님 한 분이 황윤석에게 시를 권하며 허물없이 교유하고 있다. 이 사실을 부모님께서 아시게 된다면 훨씬 마음이 편안해지실 것이다. 때문에 황윤석은 객이 준 시들을 사연과 함께 고향의 집으로 보내 자랑하겠다고 말하고 있다.

또 첩운해서 부쳐 드리다

이미 동쪽에 주역(周易)이 알려졌으니
금성(金星)의 정기(精氣) 받아 대적할 자 없네.
마땅히 두 편의 이치 잡아
사해(四海)의 소리 논하지 말라.
옛 그림을 창가에서 감상하니
이 일을 세간에서 놀라워하네.
원컨대 장차 나머지 것들은 제외하고
묵묵히 성자(聖者)의 정(情)을 보리.

又疊韻附呈

已東聞大易, 無敵稟長庚.
宜覓二編理, 休論四海聲.
古圖窓上玩, 此事世間驚.
願且除餘外, 嘿觀聖者情.

창작 시기 : 영조 24년 무진년(1748, 20세)
출전 : 《이재난고》 1책 1권 66쪽.
작품 해설

하도·낙서·태극 등의 그림을 보고 글을 지어 손님에게 부쳤다. 황윤석의 주석에 따르면 1~2구는 한정관(漢丁寬)의 일을 언급한 것이다. 한정관에 대해서는 잘 알려진 것이 없다. 다만 《여유당전서》의 〈다산문답〉에 "한정관은 양나라 사람이다. 양효왕의 장군이 되어 처음에는 전하(田何)에게 《역(易)》을 배웠다가 동쪽으로 돌아갔다. 전하는 사람들에게 '내 《역》은 동쪽으로 갔다'고 말했다"는 구절이 있다. 〈다산문답〉의 내용을 참고한다면 황윤석은 한정관이 동쪽으로 돌아간 일과 그에 대해 전하가 한 말을 염두에 두고 1구를 지었다고 볼 수 있다.

2구의 '장경(長庚)'은 금성의 다른 이름이다. 금성은 또 태백성(太白星)이라고도 한다. 대시인 이백의 어머니는 이백을 낳을 때 꿈에서 장경성, 즉 태백성을 삼켰다고 한다. 그래서 이백이 세상에 있는 동안에는 하늘의 태백성이 광채가 없었다고 한다.

이 일화는 이백이 태백성의 정기를 가지고 태어났음을 말하는 것이다. 그러므로 황윤석이 2구에서 '금성의 정기 받아 대적할 자 없네'라고 한 것은 《역》이라는 경전이 장경성의 정기를 받았으므로 여러 경전 중에 가장 뛰어나다는 것을 표현하기 위해 언급한 것으로 보인다.

3~4구에서는 《역》을 공부해서 세상의 헛된 소리들에 현

혹되지 말라고 한다. 3구의 '두 편'은 구체적으로 무엇을 지칭하는 것인지 알기 어렵다. 다만 전후 문맥과 이 시의 주석을 고려하면 《역》과 관련한 책이라고 짐작할 수 있다. 황윤석은 《역》 중에서도 상수론(象數論)에 관심이 많아 소옹의 《황극경세서》를 초록하고 연구하기도 했다. 이처럼 《역》을 열심히 공부하면서 황윤석은 세상 만물의 이치가 《역》의 이론에 따라 운행된다고 믿었다.

하지만 심오한 《역》의 이치를 알지 못하는 일반 사람들은 일식이나 월식 등 자연 현상에서부터 인간사 길흉화복의 변화에 이르기까지 자신들의 좁은 견해에 집착해서 말을 만들어 내곤 한다. 황윤석은 이런 세간의 말들을 '사해(四海)의 소리'라는 말로 표현했다. 그러고는 《역》의 이치를 염두에 두고 생각해서 이러한 '사해(四海)의 소리'를 논하지 말라고 한다. 이런 태도는 황윤석이 《역》에 대해 깊은 믿음을 가지고 있었다는 사실을 확인해 준다.

5~6구에서는 하도·낙서·태극도 등의 그림이 가지고 있는 높은 완성도를 찬양하고 있다. 주석에 따르면 황윤석은 벽에 붙어 있는 하도·낙서·태극도 등의 그림을 보고 이 시를 지었다. 시에서는 이 그림들이 창가에 붙어 있다고 말한다. 이 그림들을 감상하면서 그림들이 담고 있는 오묘한 이치를 생각해 본다.

세상 사람들은 천지 속의 한 구성원으로 살아가고 있으면서도 대부분 천지가 운행되는 이치에 대해 관심이 없다. 그런데 이 그림들은 그 이치를 간결하게 꿰뚫어 말해 주고 있다. 때문에 주의 깊게 이 그림들을 살펴보는 사람은 그 심오한 이치에 감탄할 수밖에 없다고 말하고 있는 것이다.

　7~8구에서는《역》을 깊이 있게 공부했던 성현들의 마음을 따르겠다고 다짐하고 있다. 7구의 '나머지 것들'은《역》이외의 학문들을 통괄해서 상징한다. 이 구절에서 황윤석은《역》이외의 다른 일에 대해 관심을 두지 않겠다고 말한다. 그리고 이어서 천지의 발생과 운행에 대해 서술하고 있는《역》을 관심 있게 연구했던 성현들의 마음을 묵묵히 관조한다고 말한다.

또 앞뒤의 운(韻)123)을 따서 지었다

《삼운(三韻)》124)엔 천여 글자 있어
단지 하나의 경(庚)만이 아니라네.
첩상(疊床)125)도 재주가 많은 것이니
아마도 시 짓는 정(情)을 말한 것일까?

---

123) 앞뒤의 운(韻) : 여러 번 오갔던 경운(庚韻) 중에서 앞의 경(庚)과 마지막의 정(情)만 가지고 4구의 시를 지었으므로 이와 같은 제목을 지었다.
124) 《삼운(三韻)》 : 시를 지을 때 참고하는 운서(韻書)인 《삼운성휘(三韻聲彙)》[영조 때 홍계희(洪啓禧)가 지은 운서(韻書)] 또는 중국의 《삼운통고(三韻通考)》를 가리키는 것으로 보인다.
125) 첩상(疊床) : 첩상가옥(疊床架屋)의 줄임말. 첩상가옥은 '상 위에 상을 놓고 지붕 아래 지붕을 겹쳐 놓는다'는 말로, 중복되고 번거롭다는 뜻이다. 《오주연문장전산고》에 "한나라 양웅이 《태현경》을 지어 《주역》에 비겼으므로 반고는 그 참람함을 나무랐고, 정자와 주자도 모두 첩상가옥(疊床架屋)이라 해서 쓸데없는 글로 여겼다"라는 구절이 있다.

又摘首尾韻

三韻千餘家, 非徒一個庚.
疊床多技倆, 無乃說詩情.

창작 시기 : 영조 24년 무진년(1748, 20세)
출전 : 《이재난고》 1책 1권 66쪽.
작품 해설

 손님과 주고받은 경운(庚韻)의 시 중에 처음과 끝의 운자만 가지고 절구를 지었다. 1구의 《삼운(三韻)》은 영조 때 홍계희가 지은 운서(韻書)인 《삼운성휘(三韻聲彙)》 또는 고려 말기부터 조선 시대에 걸쳐 과거 시험을 치를 때에 널리 사용한 운서인 《삼운통고(三韻通考)》를 가리키는 것으로 보인다. 2구에서는 운서에는 많은 운자가 있으므로 단지 하나의 경(庚)운만 있는 것이 아니라고 말한다.

 3구의 첩상(疊床)은 첩상가옥(疊床架屋)의 준말로 불필요하게 반복하는 것을 말한다. 그런데 황윤석은 첩상도 재주가 많은 것이라 한다. 여기서 첩상은 경운으로 계속 시를 주고받는 것을 비유한 것이다. 한 가지 운을 써서 시를 한두 번 주고받았으면 그만두는 것이 보통이다. 그런데 손님과 황윤석은 너덧 번에 걸쳐서 경운을 가지고 서로 화답하고 있는데 이런 상황을 첩상으로 비유한 것이다. 그리고 이렇게 첩상을 하는 것도 재주 중 하나라고 말한다. 분명 똑같은 운을 가지고 연속으로 시를 창작하는 것은 쉬운 일이 아닐 것이다.

4구에서 '아마도 시 짓는 정(情)을 말한 것일까?'라고 마무리한다. 경운에 집착해서 수차례 시를 주고받았다. 황윤석은 동일한 운자를 이용해서 평균 이상의 시를 창작해 주고받으면서 서로에 대한 정을 느낄 수 있었다. 단지 시적 재능을 이용해서 동일 운자를 반복한 시를 지으며 서로의 재주를 뽐내는 것이 아니라 그런 과정에서 서로에 대한 호의와 배려를 느낄 수 있었던 것이다.

황윤석은 타향에서 장가들기 위해 홀로 찾아온 사람이고, 손님은 이 혼례식에 참석한 손님이었다. 전후 사정으로 보아 이 두 사람은 이전에 만난 적이 없었던 것 같다. 그런데 혼례식 잔치에서 술잔을 돌리며 함께 시를 한번 주고받은 것이 인연이 되어 계속 같은 운으로 시를 주고받고 있었다. 손님은 홀로 장가들러 온 황윤석이 안쓰러우면서도 그의 재주에 관심이 갔고 황윤석은 낯선 땅에 혼자 있는 자신에게 관심을 보여 주는 손님이 고마웠을 것이다. 이런 서로의 마음이 수차례 경운의 시로 표현되었던 것이다. 그래서 황윤석은 동일한 운자로 주고받은 이 시들은 단지 시를 주고받은 것이 아니라 정을 주고받은 것이라고 생각하고 있다.

또 율시 한 수로 이별하다

용성(龍城)의 오늘은 천명(天命)과 관련이 있으니
요양(遼陽)의 화표주(華表柱) 신선을 만났네.[126]
웅건한 문장은 팔만 봉우리를 흔들고
고향은 나와 바닷길 삼천 리로 떨어져 있네.
전날의 약속은 아득하고 구름은 푸른 하늘에 있으며
진면목 갈수록 드러나는 달은 상현[127]이라네.
이별의 정을 말하려 해도 하소연할 곳이 없어
단지 새로 지은 시만 일렁이는 북쪽 가에서 부치네.

---

126) 요양(遼陽)의 화표주(華表柱) 신선을 만났네 : 《수신후기(搜神後記)》에 다음과 같은 내용이 있다. "요동(遼東) 사람 정영위(丁令威)가 도(道)를 배워서 학이 되었다. 나중에 요동에 돌아와 성문의 화표주에 앉으니, 어떤 소년이 활을 들어 쏘려 하기에, 날아가면서 말하기를, '새야 새야 정영위야, 집 떠난 지 천 년 만에 인제야 돌아왔구나. 성곽은 옛날 같다만 사람은 다르구나. 어째서 신선을 안 배우고 무덤들만 총총한고'라고 했다."
127) 달은 상현 : 상현달은 음력 매달 7~8일경 초저녁에 남쪽 하늘에서 떠서 자정에 서쪽 하늘로 진다.

又以一律奉別

龍城今日亦關天, 逢着遼陽古柱仙.
健筆子搖峰八萬, 鄕愁吾隔海三千.
前期杳杳雲虛碧, 眞面行行月上弦.
欲說離情無處訴, 只寄新篇濆北邊.

창작 시기 : 영조 24년 무진년(1748, 20세)

출전 : 《이재난고》 1책 1권 66쪽.

작품 해설

  몇 차례 시를 주고받은 손님에게 이별의 시를 써 주었다.

  1~2구에서는 손님과의 만남을 감사히 여기며 그를 찬미한다. 황윤석이 혼인을 올린 곳은 처가가 있는 용성이다. 이곳에서 손님을 만났고 여러 번에 걸쳐 서로 시를 주고받았다. 자신이 이곳으로 혼인하러 오게 된 것도, 이곳에서 손님을 만나 이처럼 즐겁게 시를 주고받는 것도 다 하늘이 운명 지어 준 것이라고 말한다.

  '요양(遼陽)의 화표주(華表柱) 신선(神仙)을 만났네'라는 구절은 《수신후기(搜神後記)》에 나오는 내용이다. 간단히 살펴보면, 요동 사람 정영위가 신선의 술법을 닦아 신선이 되었다. 그 후 고향을 떠난 지 1000년이 지나서 학으로 변해 요동성의 화표주(무덤 앞에 쌍으로 세우는 돌기둥) 위에 내려앉았는데 어떤 소년이 활을 쏘려 하자 다시 날아갔다고 한다. 2구에서 '만났다'는 신선은 바로 손님을 가리킨다.

황윤석은 먼 곳으로 장가들러 왔다. 그래서 이곳에는 아는 사람 한 명이 없었다. 이런 외로운 자신에게 시를 매개로 관심을 보여 주고, 또 시를 수창하는 수준 또한 낮지 않은 손님에게 호감이 들었다. 혼인식을 되돌아보면 손님은 술과 풍류를 즐길 줄 알았다. 게다가 이처럼 시에 능했다. 때문에 황윤석은 정영위의 고사를 인용해서 손님을 신선에 비유하며 그를 한껏 추켜세웠다.

3~4구에서는 손님의 문장력을 찬미하고 고향에 대한 자신의 그리움을 묘사하고 있다. 5~6구에서는 손님과 나누었던 약속을 떠올리며 시간이 흘러가고 있음을 드러냈다. 황윤석은 정월 초사흘에 혼례를 올렸다. 그날 처음 만난 손님과 상현달이 뜬 지금(정월 7~8일경)까지 시를 주고받고 있다. 그간 여러 주제와 운자로 시를 지었는데 이러한 행위들을 '전날의 약속'으로 표현한 듯하다.

6구에서는 구름 사이로 드러난 상현달의 모습을 묘사하며 시간의 경과를 표현하고 있다. 정월 초사흘에 혼례를 올린 황윤석은 낯선 환경에 적응하며 보내느라 다소 정신이 없었을 것이다. 그렇게 시간을 보내다 보니 어느새 달은 상현의 모습을 하고 있다. 벌써 4~5일이 흘러 버린 것이다.

7~8구에서는 누구에게도 하소연할 수 없는 이별의 정을 묘사했다. 황윤석은 혼례를 위해 단지 먼 친척 두 명과 함께 이곳으로 왔다. 따라서 부모님이나 형제, 가까운 친척에 대한 그리움이 적지 않았을 것이다. 이런 그리움을 바로 마지막 두 구절에서 표현하고 있다.

백씨 어르신께서 원일(元日)128)에 시를 지어 주셔서 거기에 첩운해서 한 편을 완성했다. 겸손함이 너무 지나치시기에 공경히 차운하면서 그런 뜻을 드러냈다

백씨 어르신의 성함은 시덕이고 호는 수촌이다.

> 연세 드셔서 학 같은 머릿결, 무진년에는
> 높은 춘추 68세시라네.129)
> 구름과 달이 창에 가득하니 참으로 부귀하시고
> 풍파는 평지 같으니 절로 신선이시라.
> 마음은 고요 속을 좇아 흩어짐이 없으시고
> 일이 손끝에 이르면 먼저 할 것과 나중에 할 일을 아시네.
> 덕이 높으시면서도 공께서는 부족하다 여기시니
> 시 구절에 기대어 그 까닭을 여쭤보네.

---

128) 원일(元日) : 원일은 음력 1월 1일을 가리키기도 하고 길일(吉日)을 가리키기도 한다. 제목의 원일이 길일로 쓰였다면 황윤석이 혼례를 올린 날을 가리킨다고 볼 수 있다.

129) 68세시라네 : 일장(一章)은 19년이다. 그러므로 '삼장십일년(三章十一年)'는 68년이다.

白丈元日有詩, 又疊成一章. 自謙太過, 故敬次, 以示意焉

時德號壽村.

蒼顔鶴髮戊辰歲, 高壽三章十一年.
雲月滿窓眞富貴, 風波平地自神仙.
心從靜裏無參貳, 事到手頭識後先.
邵德公猶如不足, 敢憑詩句問其然130).

창작 시기 : 영조 24년 무진년(1748, 20세)
출전 : 《이재난고》 1책 1권 66쪽.

작품 해설

백씨 어르신께서 원일(元日)에 지어 주신 시에 차운한 시다. 백씨 어르신께서는 워낙 겸손하신 분이라 그런 뜻을 담아 지었다.

1~2구에서는 백씨 어르신의 외모와 나이를 묘사했다. '창안(蒼顔)'은 나이가 들어 보이는 용모를 말하고 '학발(鶴

---

130) 문기연(問其然) : 《고봉속집》 권1,〈시〉,〈농월헌에서〉에 "용문이라 그 사람 이제 없으니/ 그런 것을 어디에서 물어볼 건고(龍門今寂寞 何處問其然)"라는 구절이 있다.

髮)'은 '백발(白髮)'이란 뜻이니 백씨 어르신의 연세는 지긋하고 머리칼은 하얗게 세었다는 것을 나타내고 있다. '일장(一章)'은 19년을 뜻하므로 '삼장십일년(三章十一年)'은 68년이다.

3~4구에서는 신선과 같은 백씨 어르신의 삶을 나타냈다. 백씨 어르신의 집 창밖에는 아름다운 구름과 밝은 달빛이 가득하다. 하늘빛과 달빛을 온전히 집 안에서 볼 수 있는 것은 참으로 부유하고 귀한 일이라 말한다. 세속의 높은 지위와 재물이 참된 부귀가 아니라 자연과 함께 사는 삶이 부귀한 것이라고 말하는 것이다. 이어 속세의 풍파도 백씨 어르신의 거처에서는 평지처럼 기복이 없는 듯하니 백씨 어르신이야말로 신선이시라며 추켜세운다. 덕 높은 어르신에 대해 최대한의 찬사를 보내고 있는 것이다.

5~6구에서는 백씨 어르신의 성품과 능력을 칭찬한다. 마음이 고요하다는 것은 수양이 잘되어 있다는 말이다. 게다가 백씨 어르신은 일이 생겼을 때 어떤 일을 어떤 순서로 처리해야 할지를 아는 능력까지 갖추고 있다고 말한다. 훌륭한 인품을 갖추고 있을 뿐만 아니라 구체적인 일 처리 능력까지 구비한 인물이라고 평가하고 있는 것이다.

7~8구에서는 제목에서 밝힌 것과 같이 백씨 어르신의 겸손을 언급하고 있다. 황윤석이 보기에 백씨 어르신은 인

품 면에서나 실제 생활면에서나 참으로 뛰어난 사람이었다. 그런데 원일(元日)에 지어 보내 주신 시에서 스스로 학문과 생활 양면에서 모두 어리석다고 말씀하고 계셨다. 때문에 황윤석은 백씨 어르신의 장점들을 일일이 거론하며 그분의 지나친 겸손에 대해 말하고 있다.

백씨 어르신께서 내가 길을 떠날 때 지어 주신 시를 받들어 차운해서 세 편의 시를 드리다

한 해가 주는 새봄에 달빛도 새롭고
용성(龍城) 백 리 길에 나그네 여정 새롭네.
간곡한 충고의 말씀 나를 부끄럽게 하는데
어떻게 받들어서 날마다 덕을 새롭게 할까?

어찌 있겠나, 문장이 일찍부터 뛰어난 경우가?
애초에 알았지, 손님 실로 만년에도 완전하기 어렵다는 걸.
이제부터 한 맛으로 맑은 가르침 받들어서
다른 날 내 얼굴에 부끄러움 없기를.

정황(丁熿)131)의 명성과 절개 저 높이 우뚝하더니

---

131) 정황(丁熿, 1512~1560) : 본관은 창원, 자는 계회, 호는 유헌(遊軒), 시호는 충간이다. 문정 왕후가 인종의 장사(葬事)를 서둘러 갈장(渴葬)으로 치르려고 하는 데 대해서 당시 모든 관원들이 그 기세에 눌려 침묵하고 있을 때 극력 반대해서 의례대로 장사를 거행하게 했다.

조광조132)의 문하에서 배웠단 말을 들었네.

북궐(北闕)133)의 한밤중엔 빛나는 늙은이의 의리

남쪽 하늘에선 12년간 육지(陸贄)134)와 같은 원한.

선조(先朝)의 절의와 은혜는 넉넉하게 추증되어

그날의 명성이 후손에게도 보이네.

혹시나 다른 유적 알고 싶으면

파옹(葩翁)135)의 한 조각 묘갈 내용을 언급할 만하네.

을사사화가 일어나자 파직당하고 남원으로 돌아갔다. 1547년 양재역 벽서 사건에 연루되어 곤양에 유배되었다가 이듬해 거제로 이배되었고 배소에서 죽었다. 남원의 영천 서원에 제향되었다.

132) 조광조(趙光祖, 1482~1519) : 호는 정암(靜庵), 시호는 문정(文正). 조선 전기 교리, 부제학, 대사헌 등을 역임한 문신이다.

133) 북궐(北闕) : 대궐이나 조정(朝廷)을 가리키는 말이다.

134) 육지(陸贄, 754~805) : 중국 당나라 중기의 정치가다. 시호는 선(宣)으로 흔히 육선공(陸宣公)이라고 한다. 792년 중서시랑 등에 임명되었다가 794년 호부시랑의 모함으로 재상의 자리에서 물러나 태자빈객에 임명되었다. 다음 해 충주별가로 좌천되어 그곳에서 10년을 보내면서 비방을 피하기 위해 저술하지 않았다. 재주가 남달랐고 민정(民情)을 몸소 살폈으며 성품이 강직했다고 한다.

135) 파옹(葩翁) : 정황(丁熿)을 가리키는 말로 보인다.

奉次白丈贐行之作, 上呈三章

歲獻新春月色新, 龍城百里客行新.
丁寧勸戒儂偏愧, 何以承當德日新.

豈有文章早歲喧, 素知賓實晚全難.
從今一味承淸誨, 他日能無靦我顏.

游軒名節卓軒軒, 聞說淵源出靜門.
北闕三更休老義, 南天一紀陸宣冤.
先朝節惠推隆渥, 當日風聲見後昆.
倘欲識他遺跡得, 葩翁片碣足堪言.

창작 시기 : 영조 24년 무진년(1748, 20세)

출전 : 《이재난고》 1책 1권 66~67쪽, 《이재유고》 1권 21쪽. 《이재유고》에는 셋째 수만 수록되어 있다.

작품 해설

  첫째 수의 1구에서는 해마다 한 번씩 돌아오는 봄날이 되니 달빛도 새해를 맞이해서 새롭게 느껴진다고 말한다. 2구에서는 나그네 길이 새롭게 느껴진다고 했다. 길을 떠나는 황윤석은 앞으로 가야 할 100리를 두려워하거나 싫어하지 않고 자신이 가야 할 새로운 길이라고 인식하고 있다.

  3~4구에서는 백씨 어르신의 충고를 가슴 깊이 새기고

있는 모습을 보여 준다. '간곡한 충고'는 백씨 어르신께서 황윤석에게 건넨 충고의 말을 가리킨다. 황윤석은 당시 스무 살로 한창 공부할 나이였다. 게다가 가정을 이룬 지 얼마 되지 않은 가장이었다. 백씨 어르신은 가장으로서 책임 있는 삶을 살아야 할 황윤석에게 진중한 충고의 말을 했을 것이다. 황윤석은 혹시나 어르신의 충고를 실천해 내지 못할까 부끄러워하고 있다.

둘째 수는 내용상 1~2구가 백씨 어르신의 가르침이 되고 3~4구는 이에 대한 황윤석의 수용 태도라고 볼 수 있다. 백씨 어르신께서는 만년에도 완전하기 어려운 것이 문장이니 어린 시절에 찬란하게 빛나기는 당연히 어려울 것이라고 가르침을 주었다. 백씨 어르신의 이러한 가르침을 들은 황윤석은 '한 맛'으로 백씨 어르신의 '맑은 가르침'을 따르겠다고 말하고 있다.

셋째 수의 1~2구에서는 정황(丁熿)의 명성과 절개를 칭찬하며 그가 조광조를 사숙했다는 사실을 드러냈다. 3~4구는 정황의 관직 생활과 유배 생활을 묘사한 것으로 보인다. 3구는 정황이 조정에서 일할 때 의리(義理)에 충실했다는 것을 말하는 듯하다. 정황은 벼슬 생활 중에 문정 왕후(文定王后)가 인종의 장례를 서둘러 갈장(渴葬)으로 치르려고 하는 데 대해 당시 모든 관원들이 그 기세에 눌려 침묵하고 있을 때 극력 반대해서 의례대로 장사를 거행하게 한 적이 있다. 이 구절은 그때의 일을 비유한 것 같다.

4구는 정황의 유배 생활을 묘사한 것으로 보인다. '육선(陸宣)'은 당나라 덕종 때의 한림학사 육지(陸贄)를 가리킨다. 육지는 재상의 지위에 있다가 모함을 받고 좌천되어 한직에서 10여 년을 지내다가 세상을 떠났다. 정황은 1547년 양재역 벽서 사건에 연루되어 만 12년간 유배 생활을 하다가 배소에서 죽었다. 황윤석은 육지의 원한 어린 삶을 빌려 정황의 유배 생활이 원통했다는 것을 비유해 드러내고 있다.

5~6구는 정황이 나중에 신원되었다는 것을 나타내고 있다. 정황은 사후 병인년(1686, 숙종 12)에 남쪽 고을 선비들의 요청으로 향사(享祀)하는 곳에 사액(賜額)되었고, 그 후에는 홍문관부제학에 추증되었으며, 또 예조판서에 가증(加贈)되고 충간(忠簡)이란 시호(諡號)도 받았다.

7~8구는 정황의 다른 유적을 알고 싶으면 묘갈명을 살펴보라고 말한다. '파옹(葩翁)'은 정황을 가리키는 말로 보인다. 《국조인물고》에는 정황의 비명(碑銘)이 장문으로 실려 있다. 황윤석은 짧은 시로는 정황의 뛰어난 행적을 다 묘사할 수 없다고 여겼다. 그래서 그의 다른 행적을 알고자 한다면 그의 일대기가 자세히 서술되어 있는 묘갈명을 보라고 말한 것이다.

정월 15일에 고향의 풍속이 눈앞에 펼쳐진 것을 서술하면서 배해체(俳諧體)[136]를 본떠 흥이 나서 짓다 율시 세 수

좋은 절기(節氣) 삼원(三元)[137] 중에
아름다운 날 1월이네.
나는 연은 어느 마을 것인가?
더위 파는 몇몇 거리의 아이들.
찰밥은 천 가구나 되는 듯하고
나무꾼은 아홉 묶음을 기뻐하네.[138]
다시 계수나무에 걸린 달을 보고
한 해 농사의 길흉을 점치네.

---

136) 배해체(俳諧體) : 옛날 시문의 내용 중에 놀리거나 즐기는 내용을 담고 있는 것을 배해체라고 한다.
137) 삼원(三元) : 음력 정월 15일 · 7월 15일 · 10월 15일을 각각 상원(上元) · 중원(中元) · 하원(下元)이라고 하고 이 셋을 합쳐서 삼원이라고 한다.
138) 나무꾼은 아홉 묶음을 기뻐하네 : 황윤석의 주석에 "사람들 말에 상원의 날에는 길쌈을 아홉 광주리 하고 나무를 아홉 묶음 하며 흰밥을 아홉 그릇 먹는다고 한다"라고 되어 있다.

오늘 저녁에 관등(觀燈)놀이139)가
한수(漢水) 북쪽에서 열린단 말 괜히 들었네.
먼 시골에서 그런 놀이 어떻게 하겠나?
하지만 시골 풍속도 꺼릴 것은 없으니
삼나무 널빤지에서 뛰어오는 모습 날래고
새끼줄을 당겨 가니 기다랗다네.
늙은 농부 눈길이 움직이는 곳
맑게 갠 푸른 하늘이 빛나네.

남국(南國)은 이날을 중요하게 여겨서
온 마을이 정월 대보름을 즐기네.
맞이할 땐 모두 막걸리더니
돌아갈 땐 각각 저물녘이네.
삼으로 만든 길쌈은 누구 광주리에 가득하나?
밥은 익어서 이 그릇에 담겼네.
밤 깊어 사람들은 모두 집에 가고

---

139) 관등(觀燈)놀이 : 정월 보름에 등을 밝혀 부처에게 안녕과 복을 빌던 행사로 고려 태조 연간에 비롯한 연등놀이를 가리킨다.

사립문엔 외로운 달빛뿐이네.

上元日述鄕俗所目效俳諧體遣興 三律

令節三元上, 佳辰一月中.
颸鳶何處里, 賣喝幾街童.
糯飯如千室, 樵薪說九同.
更須觀桂魄, 占得歲凶豐.

今夕觀灯戲, 空聞漢水陽.
遐鄕寧此事, 方俗亦非妨.
杉板跳來勇, 藁繩引去長.
老農眉睫動, 晴晏碧天光.

南國玆辰重, 千家作上元.
邀來皆白酒, 歸去各黃昏.
麻績誰筐滿, 飯炊此盌存.
夜深人盡到, 孤月自柴門.

창작 시기 : 영조 24년 무진년(1748, 20세)
출전 : 《이재난고》 1책 1권 67쪽, 《이재유고》 1권 21쪽.
작품 해설

  정월 대보름날 마을의 풍속을 읊었다. 배해체(俳諧體)는 '시문의 내용 중에 놀리거나 즐기는 내용을 담고 있는 것'을 가리킨다.

첫째 수의 1~2구에서는 농력(農曆)에서 말하는 삼원(三元) 중 하나인 정월 대보름을 아름다운 날이라 말하고 있다. 요즘에야 달이 밝은 날이라는 것 외에는 큰 의미를 두지 않는다. 하지만 농업이 주를 이루던 당시의 정월 대보름은 우리 민속에서 큰 비중을 차지해서 전체 세시풍속의 4분의 1이 넘는 풍속이 이날에 집중되어 있었다고 한다.

3~4구에서는 하늘을 수놓은 연들과 '더위팔기'를 하는 아이들의 모습을 묘사하고 있다. 멀리 하늘을 날고 있는 연들은 그 끝을 알 수 없어 어느 마을에서 날리는 연인지 알기조차 어렵다. 그리고 몇몇 거리에서는 아이들이 뛰어다니며 서로 더위를 팔고 있다. 5~8구에서는 마을의 많은 집들에서 찰밥을 지어 먹고 나무꾼들은 속어(俗語)에 따라 마적(麻績)·땔나무·흰밥을 아홉으로 등분해서 나누며 달의 모습을 보고 한 해 농사의 풍흉(豊凶)을 점치는 모습을 묘사하고 있다.

둘째 수에 대해 황윤석은 "중국에서는 정월 대보름에 관등놀이를 하는데 우리나라에서는 이 놀이가 오직 경성(京城)에만 있다. 호남 풍속에서는 이날 다리밟기 놀이와 줄다리기 놀이를 한다. 속어에 '하늘이 맑으면 가을에 성과가 있다'고 한다"라고 주석하고 있다.

관등(觀燈)은 보통 4월 초파일에 하는 것이 일반적이다. 하지만 당시는 고려의 풍습이 남아 있어서 경성에서는 정월 대보름에도 관등을 했던 것으로 보인다. 황윤석은 경성의 관등이 보고 싶었던 모양이다. 그래서 1~2구에서 그런 아쉬움을 드러내고 있다. 하지만 이어지는 3~4구에서는 시골 마을의 현실을 직시하며 그런 바람을 접고 눈앞에 펼쳐진 풍속들을 즐기려 한다.

5~6구에서는 다리밟기 놀이와 줄다리기 놀이를 하는 모습을 그렸다. '삼나무 널빤지'라고 한 것으로 보아 나무 교량에서 다리밟기를 하는 모습을 그린 듯하다. 마지막 두 구에서는 정월 대보름날 밤하늘이 맑으면 풍년이 든다는 속어에 착안해서 늙은 농부의 모습을 묘사하고 있다.

셋째 수의 1~2구에서는 마을 사람들이 정월 대보름을 중요한 날로 생각하고 즐긴다고 말한다. 이어 3~4구에서는 손님을 맞아 막걸리를 대접하고 한참을 머물다가 저물녘이 되어야 각자의 집으로 돌아가는 모습을 그렸다. 5~6구에서는 길쌈과 그릇에 담긴 밥을 언급한다. 마지막 7~8구에서는 정월 대보름날 밤이 깊어 모두들 귀가하고 밝은 달만 사립문을 비추는 모습을 나타냈다. 다른 사람들은 즐거웠던 하루의 일정을 마치고 돌아갔지만 쉽게 잠들지 못하고 밤의 여운을 감상하고 있는 황윤석의 모습을 상상해 볼 수 있다.

월식 50운

5언 배율

봉력(鳳曆)140) 삼천 년
용이 난 지 스물네 번의 봄141)
목성은 애초에 동쪽에서 떠서
아름다운 궤도는 바로 동북쪽을 향하네.
삼상(三商)142)의 저녁에 하얀 달이 있고
초경(初更)143)에 붉은 닭144) 있네.
빛은 겨우 다리에 비치는 듯
나무줄기를 짚고 또 둥글게 뜨네.

---

140) 봉력(鳳曆) : 1년 동안의 월일, 해와 달의 운행, 월식과 일식, 절기, 특별한 기상 변동 따위를 날의 순서에 따라 적은 책. 보통 책력이라고 한다.
141) 용이 난 지 스물네 번의 봄 : 용이 나는 것은 제왕이 즉위한 것을 말한다. 여기서는 영조가 즉위한 지 24년이 되었다는 것을 가리킨다.
142) 삼상(三商) : 삼각(三刻)과 같은 말이다.
143) 초경(初更) : 저녁 7시에서 9시 사이.
144) 붉은 닭 : 옛날에 맹세를 하거나 제사를 지낼 때 사용하던 붉은색 닭을 가리킨다. 의미가 파생되어 맹세를 상징하기도 한다.

고요한 금빛 물결 상쾌하고
여유 있게 아름다운 포구를 따라가네.
멀리 묏부리 앞에 빛을 토하니
맑은 길은 자잘한 먼지 속에서도 아름답네.
지나간 모래사장의 발자국은
분명히 토끼의 몸이네.
차가운 빛은 서쪽 별자리에서 빛나고
신령스런 집 위에도 별빛이 누르네.
새들 지저귀는 아직 이르지 않은 때에
동그란 거울 하나 새롭네.
태음(太陰)이 막 왕성함을 만나더니
어떤 물건이 갑자기 와서 이르렀나?
이 둥글고 가득 찬 모양을 씹어 먹어
그 빛을 사라지게 하네.
달은 피하기 어려워하고
달무리도 줄어드네.
달의 신(神)은 삼혼(三魂)[145]을 두려워하고

---

[145] 삼혼(三魂) : 사람의 마음에 있는 세 가지 영혼. 태광(台光), 상령(爽靈), 유정(幽精)을 이른다.

가난한 아내는 팔자(八字)로 눈썹 찡그리네.
계수나무 꺾인들 누가 가서 보호하며
두꺼비가 싫어한들 누가 노여워하리?
검고 깜깜해서 수레를 길 잃게 하고
그윽하고 아득해 귀신은 번뜩이네.
산과 강은 엉겨서 참담하고
별들은 찬란한 진주처럼 빛나네.
사립문을 어찌 밤에 금지하겠는가?
저 하늘엔 또한 새벽이 없다네.
지난해의 변화를 돌이켜 생각해 보면
월식 때의 차례를 알 수 있네.
마을 노인은 인파 속에서 놀라 감탄하고
거리 아이들은 자주 손가락으로 가리키네.
작은 빛이 어찌 아까울까?
희미한 달빛 또한 잠기려 하는데.
동이의 물을 하늘에 비춰 보고
실을 켜서 어지러이 함께 입네.[146]

---

[146] 동이의… 입네 : 황윤석의 주석에 "마을의 풍속에 월식이 있는 밤에는 동이의 물을 관측해서 달이 이지러진 정도를 안다. 또 물레로 실을 켜서 옷을 지으니 재앙을 물리치려는 것이다"라고 되어 있다.

하늘의 개가 달을 삼킨다는 말 실로 거짓이니

황제의 눈 어두워도 누구에게 화내겠나?

사물의 모습이 급격하게 바뀌니

있는 곳이 월나라인지 진나라인지 헷갈리네.

달의 여신은 장차 길을 잃고

신령스러운 빛147)은 마을에 낮게 깔리네.

남쪽 사람들 길게 탄식하며

옥천(玉泉)의 말을 다시 하네.

보잘것없는 나는 너무 비천하고

하늘의 길은 지극히 험하니

흐르는 눈물 가슴을 적실 뿐

계단이 없어, 하늘에 탄식하네.

다만 삼통(三統)148)의 법으로

---

147) 신령스러운 빛 : 월식에 나타나는 붉은 빛깔을 말하는 듯하다. 월식 때의 달은 완전히 사라지지 않고 희미한 붉은색으로 관측된다. 태양광선이 지구 대기를 통과하면서 파장이 짧은 푸른색 빛은 대부분 산란하는 반면, 파장이 긴 적색광은 대기권을 통과해서 달에 비친 지구의 그림자 부분에 투영되기 때문에 희미한 붉은색을 띠게 된다고 한다.
148) 삼통(三統) : 하(夏)・상(商)・주(周) 삼대(三代)의 책력(冊曆)을 말한다. 하나라는 인월(寅月)로 세수(歲首)를 삼아 인통(人統)이 되고, 은나라는 축월(丑月)로 세수를 삼아 지통(地統)이 되고, 주나라는 자

구행(九行)[149]의 진실을 상세히 말하려네.

두 길이 서로 교대로

균등하게 하늘을 나누다가

어쩌다 가끔씩 월식을 만나니

이를 계산하는 것은 또한 사람에게 달려 있다네.

이 이치는 원래 거짓이 아니니

비록 미묘하지만 반드시 근거가 있다네.

높이 있으면서 나랏일에 관계하니

비유하자면 바로 임금의 신하라네.

맏누이는 명호(名號)를 높이니

원비(元妃)[150]는 첩빈(妾嬪)을 끊네.

이왕(異王)은 공훈과 업적을 표창하고

하늘의 사신은 관순(觀巡)을 주관하네.

내리는 비는 필성(畢星)에 유래하고[151]

월(子月)로 세수를 삼아 천통(天統)이 되는데, 고려 때나 지금 쓰는 음력은 하력(夏曆)에 근거한 것이다.

149) 구행(九行) : 달의 아홉 가지 궤도. 각각 두 개의 흑도(黑道) · 적도(赤道) · 백도(白道) · 청도(靑道)와 한 개의 황도(黃道)가 있다.

150) 원비(元妃) : 임금이나 제후의 적처(嫡妻)를 가리킨다.

151) 내리는 비는 필성(畢星)에 유래하고 : 달이 필성에 걸리면 머지않

법의 집행은 애민(愛民)에 있네.
다른 일들을 경계하게 하니
하늘의 마음이 어진 것이 아닐까?
지금 시대에도 훌륭한 임금과 신하 사이에는
공손히 생각해 보면 교화가 순수하네.
사방팔방으로 임금의 은택에 젖어 들고
한 기운은 임금님의 교화로 옮겨 가네.
낭패(狼狽)152)가 어찌 신령스러운 동물일까?
참으로 궁궐을 두려워하고 근심하네.
잠은 을야(乙夜)와 병야(丙夜)153)에 편히 잘 수 있고
계획은 정치에서 펼칠 만하네.
새로 관료가 되는 것에 거리낌이 없으니
마땅히 보답할 때는 지극히 경계하고 간절해야지.
집밥 먹는 몸 비록 재야에 있지만
나라 걱정에 귀밑머리 은색이 되어 가네.
나무꾼의 말154)이라, 아! 임금께 드리기 어려운데

아 비가 온다고 한다.
152) 낭패(狼狽) : 늑대와 유사한 전설 속 짐승이다.
153) 을야(乙夜)와 병야(丙夜) : 을야는 밤 9~11시이고 병야는 밤 11~1시다.

옥 같은 목소리로 혹시나 물으시려나?

잔을 권한 진무공(晉武公)155)을 경계하고

따르고 복종한 은나라 유신(有藝)156)을 바라네.157)

아름다운 노래는 큰기러기를 따르고

예(禮)의 그물은 봉황과 기린에까지 이르네.

큰 재앙도 오히려 물리칠 수 있으니

이 뜻 마땅히 조심해야지.

---

154) 나무꾼의 말 : 충정 어린 자신의 말을 겸손하게 표현한 것이다.

155) 진무공(晉武公) : 곡옥무공(曲沃武公, ?~BC 677)을 가리킨다. 춘추 시대 진나라의 국군(國君)으로 이름은 칭(稱)이고, 곡옥장백(曲沃莊伯)의 아들이다. 진나라의 영토를 모두 병합한 뒤 이름을 진무공으로 고쳤다.

156) 은나라 유신(有藝) : 《양촌선생문집》에 "국가의 흥륭에는 반드시 내조의 아름다움이 있다. 하나라에는 도산(塗山), 상나라에는 유신(有藝), 주나라에는 태사(太姒)가 있었는데, 그들은 부부의 도리를 바르게 해서 교화의 기틀을 마련한 자들이니 매우 훌륭했다"라는 구절이 있다.

157) 잔을… 바라네 : 황윤석의 주석에 "진나라 무공은 꼬리 긴 별이 나타나자 한 잔의 술을 권했다는 말이 있으니 재앙을 소홀히 생각하는 것이 심했다. 이제 여기에 인용한 것은 바로 요임금의 아들과 같은 오만함이 없어야 한다는 뜻이다. 《예기》에 '월식에 제후는 소복(素服)을 입는다'라고 되어 있다"라 했다.

흰 눈은 호남의 시골 마을에 내리고
푸른 구름은 한수 북쪽 나루에 있네.
밤 깊도록 북두칠성 도는 모습 보는데
서리 겹겹이 난인(蘭紉)158)에 젖어 드네.
뒷날의 결과를 누가 알겠는가?
깊은 근심으로 나는 괴로워하네.
유독 훌륭한 임금님을 수고롭게 만드니
무슨 생각인가, 저 신하들은?

月蝕 五十韻

五言排律.

鳳曆三千載, 龍飛卄四春.
青章初自卯, 玉紀正臨寅.
素犧三商夕, 丹鷄一鼓辰.
若輝纔歛脚, 扶翰亦昇輪.
穆穆金波爽, 悠悠玉浦遵.
吐華先遠岀, 清路絶纖塵.
歷落爬沙足, 分明穴鼻身.

---

158) 난인(蘭紉) : 난초를 엮은 줄인데, 고결한 뜻을 지녔다는 것을 나타낸다.

冷芒休白虎,靈宅壓朱鶉.
故故三竿上,團團隻鏡新.
太陰方值旺,何物忽來臻.
噉此形圓滿,令他色滅湮.
金樞難避匿,玉郭就殘貧.
吳質三魂悸,窮妻八字顰.
桂摧誰去護,蟆惡孰能嗔.
黑窣迷輿蓋,幽冥閃鬼神.
山河凝慘憺,星宿燦珠玭.
葷屋那禁夜,琅霄亦莫晨.
還思往歲變,可得此時倫.
里老驚嗟衆,街兒指示頻.
寸明寧得惜,微魄亦將淪.
盆水空相照,纊絲漫共緡.
天猶言實誕,帝眼暝誰瞋.
物象交蒼素,地方亂越秦.
纖阿將失馭,靈彩底逢屯.
南國人長歎,玉泉語更陳.
賊臣殊賤卑,天路極嶙峋.
有淚沾胸臆,無階籲昊旻.
徒將三統法,細說九行眞.
雙道相交對,半天其敵勻.
於焉或遭蝕,推究亦由人.
此理元非贗,彼微必有因.
在高關國事,取類卽王臣.

長姊尊名號, 元妃絶姜嬪.
異王表勳烈, 天使主觀巡.
降雨由從畢, 司刑在愛民.
教他人事警, 莫是帝心仁.
今代明良際, 恭惟教化醇.
八埏涵聖澤, 一氣轉鴻匀.
狼狽胡神物, 惕憂定紫宸.
枕能安乙丙, 策可展經綸.
莫逆惟新命, 當酬至戒諄.
食家身縱野, 憂國鬢應銀.
蒭語嗟難獻, 玉音倘有詢.
勸盃懲晉武, 降服望殷藜.
美頌追鴻鴈, 禮羅致鳳麟.
大災猶可禳, 此意底當申.
白雪湖南曲, 靑雲漢北津.
夜深瞻斗斡, 霜重濕蘭紉.
後驗誰知未, 隱憂我苦辛.
獨敎勞聖主, 何意彼臣隣.

창작 시기 : 영조 24년 무진년(1748, 20세)
출전 : 《이재난고》1책 1권 67~68쪽, 《이재유고》1권 21
~22쪽.
작품 해설

황윤석의 나이 20세 되던 1월 16일에 월식이 있었다. 여기에 대한 감응을 5언 100구의 시로 표현했다. 도입부에서는 하늘에서 월식이 일어나는 모습과 이를 구경하는 사람들의 모습을 묘사했고, 이어서 월식이 일어나는 이치에 대해 설명했다. 후반부에서는 벼슬에 대한 자신의 의지를 드러내면서 당시 관료들의 모습을 비판했다.

또 이별의 운(韻)으로 부쳐 드리다

나그네 생활 오래되면 깃발 돌려야 하니
사람이 돌아갈 땐 봄이 짝하기 좋다네.
냇가에서 꽃버들과 이별했으니
하늘 밖 삼진(參辰)[159]처럼 멀리 있겠지.
좋은 밤을 어찌 헛되게 저버릴까?
밝은 등불 또한 가까이할 만하네.
정이 많아 떠오르는 시의(詩意)들을
그대는 혹시나 알고 계실까?

又以別韻寄呈

客久宜旋旆, 人歸好伴春.
溪頭別花柳, 天外闊參辰.
良夜寧虛負, 明灯亦可親.
多情詩上意, 君子倘知眞.

---

159) 삼진(參辰) : 서남방의 삼성(參星)과 동방의 상성(商星)을 말한다. 동서로 서로 떨어져 있어서 동시에 보이지 않기 때문에 오래도록 만나지 못하는 것을 비유한다.

창작 시기 : 영조 24년 무진년(1748, 20세)
출전 : 《이재난고》 1책 1권 72쪽.

작품 해설

　친구인 정관혁에게 보낸 시다. 제목을 보면 정관혁이 먼저 이별을 시를 보내자 그가 보낸 이별시의 운자를 따서 화답한 시인 듯하다. 1~2구에서는 아름다운 봄날 집으로 돌아갈 것을 이야기한다. 황윤석이 말하는 객지는 처가인 남원이고 돌아갈 곳은 고향인 흥덕이다.

　3~4구에서는 친구와 이별한 날 밤을 말하고 있다. 5~6구에서는 아름다운 봄날 밤 등불을 밝혀 놓고 봄밤을 감상하는 모습을 묘사했다. 7~8구에서는 이런 봄밤의 시의(詩意)를 그대는 즐길 줄 아는지 묻고 있다. 떠난 친구에게 화답시를 보내면서 이별의 아쉬움과 봄밤의 아름다움을 묘사했다.

시사 감흥

선왕(先王)은 온갖 관청을 설치하고
함께 나랏일을 다스리려 했네.
위로는 하늘의 일을 대신하고
아래로는 인간의 직분을 담당하려 했지.
어찌하여 이 세상은
관직의 기강이 온 땅에서 사라졌나?
고량진미(膏粱珍味)[160]를 배불리 먹기만 하고
공적인 일은 어째서 꾸미기만 하나?
내가 바라는 건 관직에 뽑혀서
혼탁함과 어리석음 없이 지혜롭기를.

선왕은 과거 제도를 설치해서
어진 인재를 얻으려고 했네.
사대부의 풍습은 이에 바로잡히고

---

160) 고량진미(膏粱珍味) : 기름진 고기와 좋은 곡식으로 만든 맛있는 음식.

공도(公道)는 이에 넓어지게 했네.
어찌하여 이 세상은
과거 제도가 떨어지고 무너졌나.
돈 있으면 청운(靑雲)에 올라 귀해지고
부탁할 곳 없으면 흰 머리칼이 되도록 슬퍼하나?
아아! 사(私)라는 한 글자를
깨뜨릴 사람 그 누구인가?

時事感興

先王設百官, 將與理國事.
上以天工代, 下以人職莅.
如何此世上, 官方掃全地.
膏粱只飽飫, 庶政焉飾賁.
我願爲官擇, 尙無混愚智.

先王設科擧, 將爲得賢才.
士習以是正, 公道以是恢.
如何此世上, 科制已墜頹.
有錢靑雲貴, 無囑白首哀.
吁嗟一私字, 打破其誰哉.

창작 시기 : 영조 24년 무진년(1748, 20세)

출전 : 《이재난고》 1책 1권 73쪽.

작품 해설

  당시의 세태를 보고 느낀 점을 기록한 시다.

  첫째 수는 시 전체에서 유도(儒道)의 이상적인 정치와 현재의 부패한 정치를 비교하며 자신의 소망을 드러내고 있다. 경전 속의 선왕(先王)들은 여러 관청들을 설치해서 관료들과 함께 하늘의 일을 대신 하고 인간으로서의 직분을 담당했다. 그런데 황윤석이 바라본 당대의 정치는 이와 정반대였다. 관직의 기강이 사라져서 고위 관료들은 산해진미를 배불리 먹기만 하고 일상적인 정무는 그저 요식 행위로만 하는 것 같다. 이에 9~10구에서 자신이 바라는 것은 관직에 등용되어 세상의 기강을 바로 세우는 것이라고 말한다.

  둘째 수는 선왕들의 이상적인 과거 제도와 당시의 부패한 과거제를 대비해서 그 폐단을 지적하고 있다. 선왕의 시대에는 과거 제도가 비교적 공정하게 운영되었다. 따라서 사대부의 풍습은 바루어지고 공도(公道)는 넓어졌다. 그런데 황윤석이 바라본 당시의 과거 제도는 돈이 있으면 급제할 수 있었다. 반면에 누구에게 합격을 부탁할 처지가 안 되는 사람은 백발이 되도록 벼슬길에 오르지 못하는 것이 현실이었다.

  황윤석은 이런 폐단의 원인이 관리들의 사사로운 욕심

때문이라고 보았다. 그래서 '누가 이 폐단을 없앨 수 있을까?'라며 안타까워한다. 만약 관리들이 공정하게 일을 처리한다면 과거제에 폐단은 없을 것이다. 그런데 관리들이 사사로운 이익을 위해 돈 있는 자, 권력자들과 결탁했기 때문에 엄정해야 할 과거제가 부패의 온상이 되고 있다는 것이다.

밤비 속에서 앓다가 마침 아내를 꿈속에서 보고 회포를 기록하다

산속 재실(齋室)은 적적하고 외로이 문도 닫혔는데,
솔바람 소리 처량하게 나그네 베개 곁에서 시끄럽네.
버드나무 봄바람 속에 호남의 고향을 꿈꾸니
배꽃 피어나고 밤비 내리는 수남촌이네.
거문고 줄은 노래해도 마음은 겹겹이라,
달빛을 이유 없이 한차례 바라보네.
만 리 하늘 끝에 풀꽃들은 푸르른데
누굴 위해 슬퍼하며 문득 넋을 옭아매나?

夜雨吟病, 適夢室人, 志懷

山齊寂寂掩孤門, 松韻凄凄旅枕喧.
楊柳春風湖上夢, 梨花夜雨水南村.
琴徽有曲心三疊, 月色無端望一番.
萬里天涯芳草錄, 爲誰惆悵便鎖魂.

창작 시기 : 영조 24년 무진년(1748, 20세)
출전 : 《이재난고》 1책 1권 73쪽.

작품 해설
    황윤석은 산속 재실에서 혼자 앓고 있었다. 솔바람 소리 시끄럽게 울리는 재실에서 생각나는 건 가족이 있는 고향뿐이었다. 마침 꿈에서 아내를 만나고는 그리움과 서글픈 마음이 더해져 이 시를 짓게 되었다.

선포 서당

옥동(玉洞) 파랗고 파래 구름과 나무 나란한데
녹음 깊은 곳에서 나귀 발길에 길을 맡기네.
스님이 내게 "늦게 오셨네요" 하기에
미소 머금고 해 기우는 봉우리 바라본다네.

仙浦書堂

玉洞蒼蒼雲樹齊, 綠陰深處信驢蹄.
山僧問我歸來暮, 含笑相看峰日西.

창작 시기 : 영조 24년 무진년(1748, 20세)
출전 : 《이재난고》 1책 1권 81쪽.
작품 해설

　황윤석이 선포 서당을 방문해서 지은 시다. 1구에서는 수풀 우거진 옥동의 모습을 묘사했다. 2구에서는 나귀를 타고 숲을 산책하는 모습을 나타냈다. 황윤석이 직접 고삐를 돌려 방향을 정하고 움직이는 것이 아니라 그저 나귀 등에 앉아 있을 뿐 나귀의 발굽에 길을 맡긴다고 말한다.

　3~4구에서는 스님의 질문과 이에 대해 황윤석이 응대하

는 모습을 묘사했다. 스님은 생각보다 오랫동안 산책을 다녀온 황윤석에게 "늦게 오셨네요"라며 말을 건넸다. 황윤석은 이 질문에 직접적으로 대답하지 않고 미소를 머금은 채 멀리 봉우리에 해가 기우는 모습만 바라보고 있다. 울창한 숲과 한적한 길, 푸른 하늘과 산봉우리. 이 모든 것들이 너무 아름답고 여유로워 그곳에 머물고만 싶었다. 황윤석은 이런 마음을 말로 표현하지 못한 채 그저 미소만 짓고 있는 것이다.

이름도 아름다운 '옥동(玉洞)', 푸른 숲과 떠가는 구름, 한적한 길의 나귀·스님·산봉우리. 시에 등장하는 소재들 모두 일상의 번잡함에서 한 걸음 물러나 있는 대상들이다. 이런 대상들은 치열한 과거 공부나 앞날의 불투명함으로 인한 걱정 근심과는 거리가 멀다. 현재의 근심과 걱정에서 벗어나 지금 마주하고 있는 아름다운 자연과 사물을 즐기는 황윤석의 여유로움이 묻어나는 시라고 하겠다.

잡시

    자시(子時)161)에 자고 인시(寅時)162)에 일어난 지 십삼년
    달빛 창문에서 무얼 했나 물어보네.
    온갖 일 중에 공부밖엔 구한 것 없고
    한마음 오로지 붙여 책을 볼 때
    일찍이 바란 건, 널리 배워 하늘과 땅을 연구하는 것이고
    외려 부끄러운 건, 어두워서 길을 잃는 것이네.
    평생 무얼 했나 묵묵히 계산해 보니
    이름만 공연히 대남아(大男兒)라 불렸네.

雜詩
子眠寅起十三朞, 月屋螢窓問底爲.
萬事不求遊藝外, 一心惟着檢書時.
曾要博學窮天地, 還愧冥行失路歧.
嘿算平生何所了, 名稱徒當大男兒.

---

161) 자시(子時) : 밤 11시부터 1시 사이.
162) 인시(寅時) : 새벽 3시부터 5시 사이.

창작 시기 : 영조 24년 무진년(1748, 20세)
출전 : 《이재난고》 1책 1권 85쪽.
작품 해설

    이 시에서 황윤석은 그동안 열심히 공부했지만 헛된 명성 외에는 이룬 것이 없다고 말한다. 황윤석은 13년간 저녁 11시부터 새벽 1시 사이에 자고 새벽 3시부터 새벽 5시 사이에 일어나 공부했다고 한다. 이 시를 지은 때가 스무 살이었으니 대략 일곱 살 때부터 하루에 너덧 시간만 자면서 공부에 열중했다는 사실을 알 수 있다.

    이처럼 열심히 공부했지만 당시까지 황윤석은 과거 시험에 합격하지 못한 상태였다. 이름난 학자들이 10대 때 과거 시험에 많이 합격했다는 사실을 염두에 둔다면 스무 살 청년 황윤석이 이런 생각을 가지는 것도 이해는 된다. 황윤석은 자신의 학문에 자신이 있었던 만큼 그에 맞는 성과를 내지 못한 것이 아쉬웠던 것이다. 이런 반성 속에서 황윤석은 늘 학문에 대한 관심을 놓지 않고 계속 노력했던 것으로 보인다.

편지를 대신해서 정사도에게 부치다[163]

무성한 남산의 소나무
울창한 북쪽 언덕 대나무
귀한 건 늙어서도 절개를 지키는 것이니
눈서리 하얗다고 두려워 말자.

代簡十九首, 寄丁師道

蔥蒨南山松, 修森北岸竹.
所貴保晩節, 不怕霜雪白.

창작 시기 : 영조 25년 기사년(1749, 21세)
출전 : 《이재난고》 1책 1권 88쪽.
작품 해설

  친구인 정사도에게 편지를 대신해서 보낸 19수의 절구 중 18번째 시다. 절개를 상징하는 소나무와 선비의 지조를 상징하는 대나무처럼 우리도 죽을 때까지 절개를 지켜 나가

---

[163] 편지를 대신해서 정사도에게 부치다 : 인용한 시는 전체 19수의 시 중에서 18번째 시다.

자고 말한다. 눈서리는 온 세상에 가득한 지조 없는 사람들을 가리킨다. 주위에는 그저 그런 사람들만 있을 뿐 경전의 내용을 실제 삶에서 실천하며 살아가려는 사람들은 잘 보이지 않는다. 세상에 절개와 지조를 가진 사람들이 별로 없으니 우리라도 함께 절개와 지조를 지켜 가자고 친구에게 권하고 있다.

월곡(月谷)[164]

강가 나무는 쏴아쏴아 밤에는 서리 내리고
온 하늘의 별들은 사방의 연못에 잠겨 있네.
훨훨 나는 외로운 학은 어느 산으로 가려나?
모래톱 가의 사람은 고향을 바라보네.

月谷

江樹蕭蕭夜有霜, 滿天星斗蘸方塘.
飄然獨鶴何山意, 人在沙頭望故鄕.

창작 시기 : 영조 26년 경오년(1750, 22세)
출전 : 《이재난고》 1책 1권 91쪽.
작품 해설

  황윤석은 스무 살 되던 해 정월에 창원 정씨와 혼인해서 처가인 남원 월곡에서 신혼 생활을 시작했다. 이후로 자주 처가인 월곡과 고향인 흥덕을 오갔는데 이 시는 제사를 위

---

[164] 월곡(月谷) : 인용한 시는 전체 3수의 시 중에서 세 번째 시다.

해 용두산에 갔다가 처가인 월곡에서 30일간 머물렀을 때 지은 시다. 고향에 대한 그리움을 하늘을 나는 학을 소재로 담담하게 표현하고 있다.

정사도의 심성재(尋性齋)에서 짓다

사람의 성품을 그대는 어디서 찾을 텐가?
성품은 밖에서 녹아들지 않고 마음 안에 있는 것을.
다만 성성법(惺惺法)[165]으로 노력한다면
비 갠 뒤 달 비추는 가을 연못에서 증험하리.

題丁師道尋性齋

此性君從何處尋, 性非外鑠在於心.
只須努力惺惺法, 方驗秋潭霽月臨.

창작 시기 : 영조 26년 경오년(1750, 22세)
출전 : 《이재난고》 1책 1권 93쪽.
작품 해설
　친구인 정사도의 심성재(尋性齋)에 대해서 시를 지었다.

---

165) 성성법(惺惺法) : 마음이 감각 기관에 미혹되지 않도록 항상 똑바로 깨어 있는 수행법을 말한다. 《심경(心經)》의 주석에 서암이란 승려가 매일같이 자신에게 묻기를 "주인옹(主人翁)은 깨어 있는가?" 하고 서 스스로 답하기를 "깨어 있노라"라고 하며 마음을 다스렸다 한다.

심성재는 아마도 정사도의 서재 이름이었을 것이다. 그래서 '인간의 성품을 찾는'이란 뜻의 '심성(尋性)'이란 단어로 서재의 이름을 지었을 것이다. 황윤석은 이 서재의 이름에서 연상해서 위와 같이 시를 지었다.

유학은 인간에게 내재해 있는 착한 성품을 계발해서 스스로 성인(聖人)의 경지로 나아가야 한다고 가르친다. 그런데 어떤 사람들은 성인군자의 경지가 나의 내면에 내재해 있다는 것을 알지 못하고 외부에서 찾으려고 한다. 황윤석은 혹시라도 정사도가 이를 놓치고 있을까 봐 성품은 자신의 마음 안에서 찾아야 한다고 말한다.

그리고 사람의 마음이란 눈·귀·코·혀·몸·마음 등 여섯 감각 기관이 즐기려고 하는 것에 미혹되기 마련이다. 이런 감각 기관의 유혹을 물리치고 항상 깨어 있을 수 있다면 마치 비 갠 뒤 가을 연못에 달의 모습이 그대로 비치는 것처럼 온갖 사물들이 왜곡됨 없이 내 마음에 비칠 것이라고 말하고 있다.

사우재(四友齋)께 드리다

말 세운 강 들녘은 차가운 날 개었는데
몇십 일 머물러도 여전히 남은 정.
이제 알겠네, 헤어져 돌아간 뒤 꿈에
달밤 거문고 소리 오래토록 휘감을 줄.

奉呈四友齋

立馬江郊寒日晴, 數旬桑下尙餘情.
應知別後東歸夢, 長繞玄琴月夜聲.

창작 시기 : 영조 26년 경오년(1750, 22세)
출전 : 《이재난고》 1책 1권 93쪽.
작품 해설

 사우재는 황윤석 장인의 호다. 황윤석은 처가에서 몇십 일을 머물렀다. 짧지 않은 기간 동안 처가에서 머물다가 떠나면서 황윤석은 아쉬운 마음을 표현하고 있다. 마지막 두 구절의 '이제 알겠네, 헤어져 돌아간 뒤 꿈에 달밤 거문고 소리 오래토록 휘감을 줄'은 고향으로 돌아간 뒤에 장인어른이 연주하시던 거문고의 선율이 꿈에서조차 잊히지 않을 것 같다는 뜻이다.

신미년 춘축(春祝)

새봄 문미(門楣)에 도부(桃符) 붙이고
봄의 신(神)께 묻나니, 마음에 드시는지?
인간 세상 뜬구름 같은 영화엔 전혀 상관 안 하려니
평생토록 아이 같았던 노래자처럼 장난치리.

辛未春祝

新春楣額貼桃符, 爲問靑皇會意無.
人世浮榮渾不管, 百年長弄老萊雛.

창작 시기 : 영조 27년 신미년(1751, 23세)
출전 : 《이재난고》 1책 1권 95쪽.
작품 해설

　신미년 입춘의 춘축(春祝)이다. 입춘에 집에 글을 붙여 행복을 축원하는 일을 춘축이라고 한다. 보통 문이나 기둥에 입춘을 맞이한 감회를 짧은 시 구절로 써서 붙였다. 문미(門楣)는 문이나 창문 위에 가로로 건너지른 나무를 말한다. 도부(桃符)는 새해에 악귀를 물리치려고 붙이던 부적이다. 노래자는 중국 춘추 시대 초나라의 현인(賢人)으로 70세의 나이에도 색동옷을 입고 어린애 장난을 하면서 늙은 부모를 즐겁게 해 주었다고 전해지는 인물이다.

춘축은 일반적으로 한 해에 대한 소망과 기원을 담는다. 황윤석은 스물세 살 한 해에 대한 기원으로 인간 세상의 뜬구름 같은 부귀영화에는 상관하지 않고 살아 있는 동안 효도에 힘쓰겠다고 말하고 있다. 10대 때 보여 주었던 학문에 대한 열정과는 조금 달라진 모습이다. 처음 학업에 열중하고 과거 준비를 하던 무렵에는 자신의 재능과 노력에 대한 자부심이 충만해 있었다. 조금만 더 노력하면 과거에 급제해서 부모님을 편히 모실 수 있을 것 같았다. 하지만 지금 이 춘축에서는 과거에 꼭 급제하겠다는 생각에서 한 걸음 물러나 있는 듯한 모습을 보인다.

과거 시험에 합격할 만큼 실력을 쌓는 일은 황윤석도 할 수 있었다. 하지만 지난 수년간을 돌아보니 정작 합격을 성취하는 일은 하늘의 뜻에 달린 것 같았다. 그래서 이 무렵부터는 과거 시험 합격에 연연하기보다는 자신이 할 수 있는 만큼 노력을 다하고 부모님께 효도하면서 살아가는 것이 현명한 일이라고 생각했던 것 같다.

돌아오는 길에

몇 가구 인가(人家)엔 소나무가 울타리 되고
푸른 산이라 돌아갈 시간 헤아릴 수 없네.
강바람 소매에 들어와 가벼이 날리고
대지팡이는 내 몸 따라 일부러 더디네.
명승지 보려던 묵은빚을 다 갚아서
다시 전대(纏帶)166) 보니 새로운 시 가득하네.
가장 잊기 어려운 건 화산(華山)의 산빛이라
다른 해에 또 머물자고 뒷날의 약속 맺어 보네.

歸時路中

數戶人家松作籬, 靑巒無算客歸時.
江風入袂輕輕擧, 笻竹隨身故故遲.
已向名區酬宿債, 更看行橐滿新詩.
難忘最是華山色, 留與他年結後期.

---

166) 전대(纏帶) : 돈이나 물건을 넣어 허리에 매거나 어깨에 두르기 편하도록 만든 자루를 가리킨다.

창작 시기 : 영조 27년 신미년(1751, 23세)

출전 : 《이재난고》 1책 2권 103쪽.

작품 해설

   이 무렵 황윤석은 네 명의 벗과 함께 마치(馬峙)·유계당(幽溪堂)·동루(東樓)·도독정(都督亭) 등을 둘러보았다. 위의 시는 그 모임에서 헤어지면서 지은 것이다. 1~2구에서는 울타리 대신 소나무를 심어 놓은 몇몇 집들의 모습과 산이 깊어 돌아갈 시간을 알기 어려운 현실을 말했다. 3~4구에서는 강바람이 불어 가볍게 소매를 날리는 가운데 이번 여행이 즐거워 집으로 돌아가고 싶지 않은 마음을 표현했다. 5~6구에서는 예전부터 둘러보고 싶던 곳들을 이번에 구경하면서 많은 시를 쓰게 되었다고 말한다. 7~8구에서는 이번 여행 모임에서 가장 인상 깊었던 화산(華山)을 다음에 다시 구경하자고 약속하고 있다.

   시 전체에서 주변 경관과 자연의 아름다움, 봄날의 상쾌함과 모임의 즐거움 등이 잘 표현되어 있다. 특히, 2구의 '푸른 산이라 돌아갈 시간 헤아릴 수 없네(靑巒無算客歸時)'는 산이 깊어 언제 돌아갈지 알지 못하는 객의 마음을 은근하게 나타냈고, 4구의 '대지팡이는 내 몸 따라 일부러 더디네(筇竹隨身故故遲)'는 벗과 함께하는 즐거움에 돌아가고 싶지 않은 마음을 더디게 움직이는 대지팡이에 빗대어 잘 표현했다.

    또한 5~6구에서 보고 싶었던 명승지들을 다 둘러본 것을 '묵은빚을 다 갚아서'라고 비유해서 나타낸 것이나, 명승지를 둘러보며 많은 시를 지은 것을 '다시 전대(纏帶) 보니 새로운 시 가득하네'라고 표현한 것은 이 시의 수준을 한층 더 높게 만들고 있다.

정사도에게 부치다167)

그대 그리워 날마다 서루(西樓)에 올라도
보이는 건 푸르디푸른 버드나무와 모래톱뿐.
좋은 손님 오지 않고 봄날만 기니
한 뜨락 꽃 그림자도 사람과 함께 근심하네.

寄師道

懷君日日上西樓, 只見靑靑楊柳洲.
好客不來春晝永, 一庭花影伴人愁.

창작 시기 : 영조 27년 신미년(1751, 23세)
출전 : 《이재난고》 1책 2권 105쪽.
작품 해설

　친구 정사도를 그리워하며 지은 시다. 친구가 그리워 조망이 좋은 서루에 올랐다. 하지만 친구의 모습은 보이지 않고 푸른 버드나무와 모래톱만 펼쳐져 있다. 봄날을 함께할

---

167) 정사도에게 부치다 : 인용한 시는 절구 두 수 중 첫 번째 시다.

벗이 있으면 좋겠는데, 그러지 못한 채 이 귀한 봄날을 보내는 것이 너무 아쉽다. 정원의 꽃 그림자도 나의 아쉬움을 아는지 근심스럽게 내 옆에 놓여 있다.

달밤에 홀로 앉아 절구 두 수

삼경(三更)168)의 외로운 달 겹겹산을 지나니
나무 그림자 무성하고 온 땅은 싸늘하네.
홀로 외고 홀로 노래하다 이에 홀로 앉는 것은
이곳에 와 볼 사람 하나 없기 때문이지.

오동잎 알록달록 종이 창문에 잠기고
달빛 속 소나무 길엔 지팡이 소리 끊겼네.
이 마음 오로지 매화만 마주해서
평생 함께 머무르며 한 쌍이 되리.

月夜獨坐 二絶
三更孤月去層巒, 樹影扶踈滿地寒.
獨誦獨謠仍獨坐, 無人來向此中看.

桐葉斑斑蘸紙窓, 月中松徑斷人跫.
此心只許梅相對, 留與平生作一雙.

---

168) 삼경(三更) : 밤 11시부터 1시 사이를 가리킨다.

창작 시기 : 영조 27년 신미년(1751, 23세)

출전 : 《이재난고》 1책 2권 112쪽.

작품 해설

    가을밤의 정취(情趣)를 잘 묘사하고 있다. 특히 첫째 수의 '홀로 외고 홀로 노래하다 이에 홀로 앉는 것은 이곳에 와 볼 사람 하나 없기 때문이지'는 '독(獨)'이라는 글자를 무려 한 구절에 세 번이나 반복해서 사용했지만 어색한 느낌이 들기보다는 오히려 가을밤에 느끼는 낭만과 외로움을 잘 드러낸다. 둘째 수의 '이 마음 오로지 매화만 마주해서 평생 함께 머무르며 한 쌍이 되리' 또한 매화를 벗 삼았던 옛 선비의 모습을 잘 나타내고 있다.

길에서 우연히 짓다

평생 동안 나라를 돌아보려는 계획
말 한 마리 타고 별빛 속에 채찍 휘두르네.
항우가 회계산에 있던 때[169]
주유(周瑜)가 적벽에 있던 해[170]
무지개 허리는 하늘 길에 걸렸고,
붕새의 부리는 바다 구름 들추었지.
가고 가는 남아(男兒)의 흥취에
가을바람도 쏴아쏴아.

근심으로 일찍이 겁을 먹었더니

---

[169] 항우가 회계산에 있던 때 : 진(秦)나라 말기, 당시 24세의 항우는 회계산에서 행차하는 시황제의 성대한 행렬을 보고 "저 녀석을 대신해 줄 테다"라고 호언했다고 한다.
[170] 주유(周瑜)가 적벽에 있던 해 : 삼국 시대 오나라의 무장이었던 주유(175~210)는 적벽 대전에서 조조의 백만 대군을 격파했지만 진중에서 부상당해 죽었다. 적벽 대전이 있었던 208년은 주유의 나이 33세였다.

가을 오자 귀밑머리 세려 하네.
멀리 떠나는 바로 오늘인데
세상일은 푸른 하늘에 달려 있겠지.
쇠락했다고 어찌 만나기 어렵겠나?
더디어도 오히려 인연은 있겠지.
강산의 끝없는 마음
새 기러기가 반드시 전해 주겠지.

途中偶成

平生觀國計, 一馬拂星鞭.
項藉會稽歲, 周郎赤壁年.
虹腰天路掛, 鵬味海雲裏.
去去男兒興, 秋風爲颯然.

憂患曾經怯, 秋來鬢欲宣.
遠遊還此日, 萬事只蒼天.
落落寧難合, 遲遲卻有緣.
江山無限意, 新鴈定相傳.

창작 시기 : 영조 28년 임신년(1752, 24세)
출전 : 《이재난고》 1책 2권 114쪽.
작품 해설

첫째 수에서는 과거 시험을 치르러 가는 황윤석의 호기로운 기운이 엿보인다. 3~4구에서는 24세의 항우가 회계산에서 진시황의 행차를 보고 "저 녀석을 대신해 줄 테다"라고 호기롭게 이야기했던 일화와 주유가 33세의 나이로 적벽대전을 성공으로 이끈 일화를 들어 자신의 과거 시험을 위한 첫 여정이 그와 동등한 중요성을 가진다고 말한다.

둘째 수에서는 과거 시험의 합격 여부는 하늘에 맡긴 채 여유로운 모습을 보여 준다. 1~2구는 지난날의 여러 가지 어려움으로 가을이 되자 흰머리가 생기려 한다고 말한다. 공부에 한창이던 10대 말의 황윤석은 촛불 아래에서 글을 읽고 베끼다가 눈병을 얻어 고생하기도 했다. 과거 시험을 치르러 떠나는 날, 지난날의 이런 고생들이 생각났을 것이다. 그런 마음고생으로 인해 젊은 나이에도 흰머리가 하나씩 나려고 한다고 말하고 있다.

3~4구에서는 과거 시험의 운명을 하늘에 맡기는 모습을 보여 준다. 지난 노력의 대가를 얻기 위해 오늘 길을 떠난다. 지금껏 십수 년간 꾸준히 노력해 왔다. 하지만 노력했다고 해서 늘 만족할 만한 결과가 나오는 것은 아니다. 그래서 황윤석은 운명을 푸른 하늘에 맡겼다. 이런 대범한 모습이 나올 수 있는 것은 충분히 준비했다는 자신감 때문일 것이다.

5~6구에서는 쇠락한 집안 처지와 출세에 대한 의지를

묘사하고 있다. 황윤석의 집안은 흥덕에 거주한 지 몇 세대가 지났지만 과거 급제자는 한 명도 없었다. 이 때문에 '쇠락했다'고 한 것이다. 하지만 뿌린 대로 거두는 법. 꾸준하게 노력한다면 더디더라도 급제의 인연이 닿아 좋은 결과가 있으리라 낙관하고 있다.

정오에 정읍의 연조원에서 쉬다

고향[171]은 울창하고 관공서의 나무는 희미하니
강남의 가을빛이 내 옷에 스며드네.
고향 산은 여기서 멀지 않으니
나그네 지금 벌써부터 돌아가고 싶네.

午憩井邑之延詔院

楚望蒼蒼官樹微, 江南秋色襲人衣.
家山此去無多路, 遊子如今已憶歸.

창작 시기 : 영조 28년 임신년(1752, 24세)
출전 : 《이재난고》 1책 2권 114쪽.
작품 해설

 과거 시험을 위해 집을 떠난 지 얼마 되지도 않았다. 하지만 멀리 남쪽에 보이는 고향의 산과 관공서의 나무들, 그

---

171) 고향 : 원문은 '초망(楚望)'. 초망은 원래 '초나라를 바라본다'는 뜻인데 여기서는 남쪽에 있는 황윤석의 고향 방향을 가리키는 것으로 보았다.

리고 옷깃에 불어오는 가을바람에 고향에 대한 그리움이 일어나서 이 시를 지었다.

해 질 무렵에 피향정을 지나다

예전에 지나갔던 곳
낯익은 연못에다 정자 서쪽 새 연못.172)
연꽃 자루는 푸석푸석 시들었고
버들가지는 하늘하늘 드리웠네.
이미 알았지, 좋은 경치 특별한 줄
마냥 바라보니 속세 사람 미혹되네.
진중하신 수양자173)여
그 풍류 인품에 어울리네.

暮過披香亭

向來經過地, 習沼更亭西.
荷柄鬆鬆老, 柳絲嫋娜低.
已知佳境別, 從看俗人迷.

---

172) 정자 서쪽 새 연못 : 피향정의 서쪽 연못은 당시 수령이었던 오언부(吳彦敷)가 새로 만든 것이었다.
173) 수양자 : 오언부는 본관이 해주인데 그곳에 수양산이 있다. 따라서 여기서 수양자는 오언부를 가리킨다.

珍重首陽子, 風流合品題.

창작 시기 : 영조 28년 임신년(1752, 24세)
출전 : 《이재난고》 1책 2권 114쪽.
작품 해설

　예전에 와 본 적이 있었던 피향정을 지나면서 느낀 감정을 표현했다. 전에는 이곳에 동쪽 연못 하나만 있었다. 그런데 새로운 수령 오언부가 정자 서쪽에 연못을 하나 더 팠다. 그러면서 피향정의 풍경이 더욱 좋아졌다. 7구의 수양자는 오언부를 가리킨다. 새로 만든 서쪽 연못 때문에 더욱 아름다워진 피향정의 경치는 오언부의 인품과도 어울린다며 그의 공을 칭찬하고 있다.

아침에 출발해서[174] 금구(金溝)[175] 주막에 도착했고, 정오에 이성가(伊城街)에서 쉬다

한 줄기 긴 강이 가을 들녘을 가르고
싸늘한 갈대와 남은 단풍은 약속을 저버리네.
말 세운 모래톱에서 그대로 저녁 풍경을 바라보니
구봉산[176]이 여전히 먼 숲 끝에 걸려 있네.

朝站至金溝酒幕, 午憩尹城街

長川一道拆秋郊, 寒葦殘楓小約交.
立馬沙頭仍夕望, 九峯猶掛遠林梢.

---

174) 아침에 출발해서 : 원문은 '조참(朝站)'으로, 황윤석이 자기가 머물던 숙소에서 아침에 출발할 때 기점을 표시하기 위해 썼던 표현이다. 참(站)은 역참을 가리킨다. 역참은 조선 시대에 있던 공공의 기별, 역마, 역원 등 여행 체계를 합쳐서 이르는 말로 대개 25리마다 1참을 두고 50리마다 1원을 두었다.
175) 금구(金溝) : 현재 전북 김제시 금구면 부근이다.
176) 구봉산 : 전라북도 진안군 주천면 운봉리와 정천면 봉학리·갈룡리의 경계에 있는 산이다.

창작 시기 : 영조 28년 임신년(1752, 24세)
출전 : 《이재난고》 1책 2권 114쪽.
작품 해설

  아침에 길을 떠나 하루의 여정을 마치고 지은 시다. 이날은 음력 8월 29일로 가을이 한창이던 시기다. 가을이 무르익으면서 한 해가 저물어 가려는 것을 '약속을 저버리네'라고 표현했다. 늘 함께하지 않고 흘러가 버리려는 가을 풍경을 의인화해서 아쉬워한 것이다. 그리고 저물 무렵의 풍경을 바라보며 오늘 하루 걸어온 여행길을 돌아보고 있다.

아침에 출발해서 여현(礪峴)177)을 지나다

이미 강 하늘을 백 리 길 뒤로하고
새벽바람에 소매 날리며 호성으로 들어가네.
고개 돌리니 어느새 영산의 모습은 사라지고
고향 생각 아련해서 마음이 편치 않네.

朝站過礪峴

已送江天百里程, 曉風吹袂入壺城.
回頭忽失瀛山色, 鄕思迢迢覺不平.

창작 시기 : 영조 28년 임신년(1752, 24세)
출전 : 《이재난고》 1책 2권 114쪽.
작품 해설

　음력 9월 1일의 여정을 기록한 시다. 100리의 여정, 지금으로 환산하면 40킬로미터의 여정을 지나 호성으로 들어갔다. 이제는 고향에 있는 영산의 모습도 보이지 않는다. 고향

---

177) 여현(礪峴) : 당시 전라도 여산군 지역으로 현재 전북 익산군 여산면 부근이다.

에서 멀리 떨어진 현실이 체감되면서 편치 않은 마음을 표현하고 있다.

정오에 은진 주막에서 쉬다. 사교와 초포교를 지나 미륵을 바라보다가 그대로 이산(尼山)[178]으로 향하다

계룡산 푸른빛은 맑은 파도에 잠겼는데,
들길의 가을 구름 한눈에도 많아 보이네.
말을 세운 작은 다리[179]에서 멀리 바라보니,
천년의 미륵불상은 아직도 우뚝하구나.

초포(草浦)는 서쪽으로 흘러 바다에 가깝고
짧은 갈대 시들어 버린 버드나무에 날은 저무네.
나그네 그저 바라만 보다가 바삐 가 버리니,
누구와 가을날의 감정을 일일이 말해 볼까?

---

178) 이산(尼山) : 당시 충청도 이산현을 가리킨다. 정조 즉위년(1776)에 이산(尼山)을 이성(尼城)으로 개칭했고, 순조 즉위년(1800)에 이성(尼城)을 다시 노성(魯城)으로 개칭했다. 현재 충남 논산시 노성면 부근이다.
179) 작은 다리 : 여기에서 '작은 다리'는 사교(沙橋) 또는 초포교(草浦橋)를 가리키는 것으로 보인다.

午憩恩津酒幕. 過沙橋草浦橋, 望彌勒, 仍向尼山

鷄龍蒼翠蘸晴波, 野路秋雲一望多.
歇馬小橋仍遠眺, 千年彌勒尙嵯峨.

草浦西流近海門, 短蘆衰柳欲黃昏.
行人只自眈忙去, 誰許秋懷歷歷論.

창작 시기 : 영조 28년 임신년(1752, 24세)

출전 :《이재난고》1책 2권 114쪽.

작품 해설

　　9월 1일에 지은 작품이다. 황윤석은 9월 10일에 한양에서 실시 예정인 과거 시험에 응시하기 위해 8월 27일에 집을 떠났다. 닷새째 되는 오늘은 충청도 지역을 지나고 있다. 멀리 계룡산도 보이고 천년 된 미륵불상도 여전한 모습이다. 그런데 이 가을날의 풍경을 온전히 즐기지 못하고 입신양명을 위해 길을 가고 있는 자신의 처지가 마음에 들지 않는다. 이런 자신의 마음을 누구에게 털어놓을 수 있을지를 생각하며 아쉬워하고 있다.

금강에 도착하다. 강의 남쪽 언덕에 제승루가 있다[180]

누각 아래 가을 강은 백 길이나 맑고
붉은 난간에서 서쪽을 보니 쌍성(雙城)이 가깝네.
훌쩍 다시 떠나가는 관청의 배를 불러서
옛 나루 구름 낀 모래사장에서 나그네의 여정으로 해 볼까?

到錦江. 江南岸有制勝樓

樓下秋江百丈淸, 赤欄西望近雙城.
飄然更喚官船去, 古渡雲沙引客行.

창작 시기 : 영조 28년 임신년(1752, 24세)
출전 : 《이재난고》 1책 2권 115쪽.
작품 해설
  여정은 공주 지역으로 접어들어 금강을 마주하게 되었

---

180) 금강에 도착하다. 강의 남쪽 언덕에 제승루가 있다 : 절구 세 수 중 첫 번째 시다.

다. 가을날의 금강은 길고도 맑아 보였다. 제승루에 올라가서 서쪽을 보니 쌍성이 가까이 보이고 저 멀리에 관청의 배가 떠가고 있었다. 황윤석은 과거 시험을 위해 길을 가고 있는 중이었다. 그런데 문득 저 관청의 배를 타고 가을날을 즐기며 여행하고 싶다는 생각이 들었다. 그런 마음을 담아 마지막 두 구절을 지었다.

오후 4시쯤에 궁원 아래 주막에서 말을 먹이다

길은 외줄기 구불구불 한산(漢山)으로 달리는데
교외 들판에 곳곳마다 사립문들 보이네.
서풍에 말 먹이는 우정(郵亭)[181]은 저무는데
여행길은 맑은 강 따라 몇 번이나 굽었나?

下晡, 秣馬弓院下酒幕

一路逶迤走漢山, 郊原隨處著紫關.
西風秣馬郵亭晚, 行遍淸江第幾灣.

창작 시기 : 영조 28년 임신년(1752, 24세)
출전 : 《이재난고》 1책 2권 115쪽.
작품 해설

　9월 2일의 여정을 묘사했다. 오늘도 공주 지역을 통과하고 있었다. 한산을 향해 가는 길은 구불구불한 외길이었고,

---

181) 우정(郵亭) : 관청의 문서 전달할 때 쉬어 가는 곳으로 5리에 우(郵)가 설치되고 10리에 정(亭)이 설치되었다. 역마(驛馬)를 갈아타던 역참(驛站)과 같은 뜻으로 쓰이기도 한다.

들판에는 드문드문 사립문들이 보였다. 비교적 늦은 시간인 오후 4시가 되어서야 우정(郵亭)에 도착해서 말 먹이를 먹일 수 있었다. 황윤석은 말을 먹이면서 오늘의 지난 여정을 되돌아보고 있다.

척수루(滌愁樓)182)에 올라

들길은 가을 풀 사이로 나뉘어 있고
혼자 난간에서 석양을 내려다보네.
속세의 근심이 한가득인데
게다가 소맷자락은 서늘해지네.

호남의 바다에서 놀았던 어린 시절
남루(南樓), 이곳을 지나갔지.
연못의 연꽃은 다시 잎을 피워서
맑은 향기는 예전처럼 많기도 하네.

登滌愁樓

野徑分秋草, 孤欄俯夕陽.
風塵愁萬斛, 剩占一襟凉.

湖海經游少, 南樓此地過.

---

182) 척수루(滌愁樓) : 충청남도 천안시 서북구 성환읍 부근에 있었던 누각이다.

池荷有改葉, 淸馥向來多.

창작 시기 : 영조 28년 임신년(1752, 24세)
출전 : 《이재난고》 1책 2권 115~116쪽.
작품 해설

집을 떠난 지 이레째가 되는 9월 3일에 천안 지역을 통과하게 되었다. 이곳에는 척수루라는 누각이 있었다. 이 누각에 올라 두 수의 시를 지었다.

첫째 수에서는 누각에 오른 감상을 말하고 있다. 누각에서 내려다보니 들길은 가을 풀밭 사이로 나뉘어 있었다. 혼자서 석양을 바라보는데 속세의 근심이 가득히 느껴졌다. 아마도 과거 시험에 대한 부담감 때문일 것이다. 그래서인지 가을바람도 유난히 서늘한 것 같았다.

둘째 수는 어린 시절 척수루에 와서 놀았던 기억을 회상하고 있다. 맑은 향기를 가득 품고 있는 연못의 연꽃들은 그때와 마찬가지인 것 같았다. 덕분에 앞서 가졌던 과거 시험에 대한 부담감을 어느 정도는 잊을 수 있을 것 같다.

9월 4일 아침에 출발해서 소사(素沙)를 지나다

천년 묵은 홍경사(弘慶寺)[183]
백 척 높은 소사교(素沙橋).
하늘 끝엔 남은 별들 보이고
태양 가엔 옛길이 멀리 있네.
전쟁터의 먼지처럼 가을이 적막해서,
나그네 모습은 새벽부터 쓸쓸하네.
길을 돌아서자 연기 일어나고
날아가는 기러기도 한양으로 가나 보다.

初四日辛酉朝站過素沙

千年弘慶寺, 百尺素沙橋.
天末殘星在, 日邊古道遙.

---

[183] 홍경사(弘慶寺) : 충남 천안시 천원군 성환읍 대흥리[홍경리]에 터만 남아 있다. 고려 안종이 절을 짓기 시작했으나 완성하지 못하고 훙서하자, 아들인 현종이 재위 12년(1021)에 아버지의 뜻을 받들어 완성했다. 현재는 절터에 국보 제7호인 봉선홍경사사적갈비(奉先弘慶寺事蹟碣碑)만 남아 있다.

戰塵秋寂寂, 行色曉簫簫.
路轉看烟起, 征鴻亦趁朝.

창작 시기 : 영조 28년 임신년(1752, 24세)
출전 : 《이재난고》1책 2권 116쪽.
작품 해설

  9월 4일 아침에 출발하던 풍경을 묘사했다. 고려 시대 사찰인 홍경사를 지나고 소사교도 보았다. 별과 해가 함께 있던 새벽에 여행길을 떠났다. 홀로 떠나는 길은 마치 전쟁터의 폐허를 지나는 것과 같이 적막해서 자신의 모습이 더욱 쓸쓸하게 느껴졌다. 길을 한 굽이 돌아서자 인가(人家)의 연기들이 드디어 보이기 시작했다. 북쪽을 향해 날아가는 기러기만이 자신의 벗처럼 생각되었다.

갈원(葛院)에 도착해서 아침을 먹다

희도원현을 지나 진위 주막·청호 주막을 거쳐 중미촌 주막에 도착해서 정오에 쉬었다. 청호에서 길을 바꿔서 광주 판교로 향했다.

전라 충청을 다 지나니 그리움이 깊어지고
천 리의 강과 산은 하나같이 가을빛이네.
경기 남부와 가까운 곳에 오늘 벌써 도착했으니
내일 여정 계산해 보면 한양에 도착하겠네.

수성(隋城)[184]은 큰 진으로 경기에서 으뜸이라서
넓은 숲은 멀리까지 푸르러 끝까지 보기도 어렵다네.
화도 나지 않는구나, 저물녘 바람이 얽어매고
어지럽게 먼지 일으키며 사람 옷에 부딪쳐도.

---

184) 수성(隋城) : 경기도 수원(水原)의 옛 이름이다.

到葛院朝飯

過喜道院峴, 振威酒幕, 菁好酒幕, 到中彌村酒幕午憩. 自菁好分路向廣州板橋.

兩湖行盡思悠悠, 千里江山一色秋.
咫尺南圻今已到, 計程明日達皇州.

隋城雄鎭冠郊畿, 平楚蒼茫眼力微.
不憤晚來風力緊, 亂飄塵色拍人衣.

창작 시기 : 영조 28년 임신년(1752, 24세)
출전 : 《이재난고》 1책 2권 116쪽.
작품 해설

첫째 수에서는 그간의 여정을 돌아보고 있다. 전라도와 충청도를 관통해서 경기 남부에 도착했다. 전라도에서 지금 도착한 경기 남부까지 모든 강과 산들은 가을빛을 띠고 있었다. 거리를 계산해 보니 내일이면 한양에 들어갈 것 같다.

둘째 수에서는 수원성을 본 느낌을 서술했다. 경기에서 가장 큰 수원성을 바라보니 숲이 넓어 그 끝을 눈으로 확인하기 어려울 정도였다. 수원성의 뛰어난 경관을 바라보며 감탄하다 보니 저물녘 부는 바람이 번거롭게 자신의 몸에 불어 옷깃을 날려도 화가 나지 않았다.

9월 5일 아침에 출발해서 사기천을 지나 갈산 주막을 거쳐 과천 주막에 도착해 아침을 먹다

관악산은 높고 빼어나 푸른 하늘에 솟아 있고
정신은 한성의 궁궐을 향하고 있네.
하늘이 간직한 기운과 색깔 볼수록 가까워져서
태양 아래 상서로운 구름 한 줄기 붉은빛이네.

初五日壬戌. 朝站過沙器川, 葛山酒幕, 至果川酒幕, 朝飯

冠岳峻絶竦碧空, 精神進拱漢城宮,
天藏氣色看看近, 日下祥雲一抹紅.

창작 시기 : 영조 28년 임신년(1752, 24세)
출전 : 《이재난고》 1책 2권 116쪽.
작품 해설

 9월 5일 드디어 한양에 도착했다. 8월 27일에 고향을 떠난 지 꼭 아흐레 만이었다. 한양에 도착해서 본 관악산은 높고 아름답게 푸른 하늘로 뻗어 있었다. 그리고 관악산의 기운은 한양의 궁궐을 향하고 있는 것같이 보였다. 때는 어느

덧 저물녘이라서 태양 아래 구름 속에서 한 줄기 붉은 노을이 비치고 있었다.

재동에 머물 때 잠 못 들어 구점(口占)[185]으로 안성 능 아저씨께 드렸다

남국(南國)의 이유 없는 나그네
어째서 아직도 혼자 머무나?
고향엔 노란 국화 피었을 텐데
외로이 저버렸네, 한 해의 가을을.

留齋洞時, 夜間無寐, 口占贈安叔成能
南國無端客, 如何尙獨留,
故園黃菊發, 孤負一年秋.

창작 시기 : 영조 28년 임신년(1752, 24세)
출전 : 《이재난고》 1책 2권 118쪽.
작품 해설

　황윤석은 9월 10일에 과거 시험을 쳤다. 며칠 뒤인 9월 13일에 붙은 합격자 명단에 황윤석의 이름은 없었다. 게다

---

185) 구점(口占) : 즉석에서 시를 짓는 일을 가리킨다.

가 자신을 돕기 위해 동행한 종은 병이 들고 말았다. 시험 결과가 나왔으니 집으로 돌아가야 하는데 아픈 종 때문에 바로 출발할 수 없었다. 며칠을 지인의 집 등에 머물며 종이 낫기를 기다렸다. 열흘이 지난 뒤인 9월 24일이 되어서야 고향으로 출발할 수 있었다. 고향으로 향한 지 사흘이 되었을 때 황윤석은 위의 시를 지었다.

    과거 시험을 치기 위해 한양에 왔다. 그런데 결과는 불합격이었다. 이곳에 더 머물러 있을 아무런 이유도 없어졌다. 그래서 첫 구절에서 스스로를 '이유 없는 나그네'라고 불렀다. 이제 와 생각해 보니 과거 시험을 치겠다고 열흘 이상을 고생하고 병든 종을 치료하느라 다시 열흘을 고생했던 이 모든 일이 다 쓸데없는 것처럼 느껴졌다. 차라리 과거 시험을 치지 않고 고향에 머물렀다면 고향 마을의 가을 국화라도 맘껏 구경했을 텐데, 성과 없는 한양 길 때문에 아까운 가을 풍경만 놓쳤다고 후회하고 있다.

우연히 쓰다

한양은 가을 기운이 한창인데
잔월(殘月)[186]만 온 창문에 외로워라.
멀고 먼 서해 길에
근심이 많아서 꿈조차 없네.

偶寫

洛城秋氣緊, 殘月一窓孤.
渺渺西溟路, 愁多夢也無.

창작 시기 : 영조 28년 임신년(1752, 24세)
출전 : 《이재난고》 1책 2권 118쪽.
작품 해설

앞선 시와 마찬가지로 9월 26일에 지은 작품이다. 사흘 전 한양에서 출발할 때 한양은 온통 가을빛이었다. 고향으로 출발한 지 사흘이 지난 이곳 숙소에는 가을의 풍경보다

---

[186] 잔월(殘月) : 그믐달. 또는 새벽녘까지 남아 있어 빛이 희미한 달을 말한다.

는 희미한 달빛만 창문에 비칠 뿐이다. 고향에 도착하려면 꼬박 5~6일은 더 가야 한다. 과거 시험에서 떨어졌다는 상실감과 아픈 종, 여행의 피로 등 여러 가지 생각으로 잠조차 편히 들지 못하고 있다.

9월 27일 날이 밝은 뒤에 천천히 가서 소사교 주막에 도착해 아침을 먹었다. 마침 비가 오려는 듯해서 갈 길이 염려되었다. 주막 곁 높은 구릉에 잠곡 김 상공의 대동비(大同碑)가 있었다. 이민구 찬술에 오준의 글씨로 순치(順治) 16년에 세웠다. 바로 조선 효종 10년 기해(1659)다

　　나그네 남쪽으로 가는 길에 비는 부슬부슬
　　구월이라 사교(沙橋)에는 냉기가 옷을 파고드네.
　　돌아가려는 마음이 말 머리보다 앞서서
　　흰 구름과 천 리 길을 함께 날아오르려 하네.

　二十七日甲申. 明後 徐行至素沙橋酒幕, 朝飯. 始有雨意, 行色可慮. 幕邊高丘, 有潛谷金相公大同碑. 李敏求譔, 吳竣書, 順治十六年立, 則本朝孝廟十年己亥也

　　游人南去雨霏微, 九月沙橋冷徹衣,
　　只有歸心先馬首, 白雲千里共飛飛.

창작 시기 : 영조 28년 임신년(1752, 24세)
출전 : 《이재난고》 1책 2권 118쪽.

작품 해설

9월 27일에 지은 시다. 이 시의 제목은 시의 내용과는 관련이 없고 이날의 짧은 메모라고 하는 것이 좋겠다. 메모의 내용은 여정 중에 언덕에서 보았던 잠곡 김육의 대동비에 대한 것이다.

시의 내용은 하루빨리 집으로 돌아가고 싶은 마음을 묘사하고 있다. 늦가을이라 비까지 내리자 냉기가 옷 속을 파고들었다. 하루라도 빨리 집으로 돌아가고 싶은 마음이 더욱 강해졌다. 그래서 말안장에 놓인 내 몸을 저 구름에 실을 수 있으면 훨씬 빨리 집으로 갈 수 있을 것 같다는 생각이 들었다.

9월 28일 새벽 3시경에 천안을 출발해서 20리를 가자 그믐달이 비로소 나왔다

객점에서 닭 울음 듣고 길을 나서니
나그네 옷이 새벽 서리에 젖었네.
한 번 채찍질에 산의 달그림자 비치고
천 리 길은 물과 구름의 마을[187]이네.
멀고 먼 어느 마을의 불빛인가?
흔들흔들 반쯤 취한 술잔 같구나.
다정하네, 옛 역(驛)의 나무들은
나를 맞아 푸른빛을 보내 주니.

二十八日乙酉, 五更初, 發天安行二十里, 微月始出
野店聞鷄發, 征衫受曉霜.
一鞭山月影, 千里水雲鄕,
遠遠何村火, 依依半醉觴.
多情古驛樹, 迎我送靑蒼.

---

187) 물과 구름의 마을 : 물이 흐르고 구름이 떠도는 곳, 세속의 기운을 떠난 깨끗하고 맑은 곳, 은자(隱者)가 노니는 곳을 가리킨다.

창작 시기 : 영조 28년 임신년(1752, 24세)

출전 : 《이재난고》 1책 2권 119쪽.

작품 해설

  9월 28일의 여정을 시로 표현했다. 새벽 3시경에 천안을 출발했다. 늦가을의 이른 새벽이라 출발한 지 얼마 되지 않아 옷은 서리에 젖어 버렸다. 채찍질하는 내 모습은 산 위로 뜬 달빛에 비친다. 여정에 보이는 마을들은 온통 물과 구름에 둘러싸여 마치 신선들이 사는 곳 같다. 멀리 보이는 마을의 불빛은 취한 눈으로 보는 술잔의 술처럼 흔들린다. 외로운 여행길에서 그래도 반가운 것은 옛 역(驛)의 나무들이 나를 반기듯이 푸른빛을 보내 준다는 것이다.

9월 30일 일찍 밥을 먹고 길을 떠나면서 종이를 찾아 얼른 써서 김호숙에게 주었다

강호에서 마음으로 사귄 지 오래
어느덧 세월은 20년.
침상에서 마주하며 겨우 하룻밤 보내고
소매를 부여잡네. 이 자리에서
훌쩍 사라지는 건 새로 사귄 즐거움
오래도록 남는 건 전생의 인연.
가을바람에 홀로 돌아가는 이 마음
서글프구나, 흰 구름 앞에서.

三十日丁亥, 早飯將發行, 索紙走草贈豪叔

湖海神交久, 晨星二十年.
對牀纔一夜, 摻袂此籬笆.
忽忽新知樂, 悠悠宿世緣.
秋風獨歸意, 怊悵白雲前.

창작 시기 : 영조 28년 임신년(1752, 24세)
출전 : 《이재난고》 1책 2권 119쪽.

작품 해설

  9월 29일에 숙소에 도착해서 김붕거·김호숙 형제를 우연히 만났다. 이 두 사람은 소문으로 이름은 알고 있었지만 실제로 만난 적은 없었다. 그런데 대화를 나누다 보니 서로 너무 잘 통해서 날이 밝아 오는 것을 모를 정도였다. 그래서 아침에 길을 떠나며 김호숙에게 이 시를 얼른 써서 전해 주었다. 이날의 일에 대해 황윤석은 '뜬구름 같은 세상에서 하나의 유쾌한 일'이었다고 일기에 기록했다.

10월 1일 아침에 출발해서 두죽호 옆에서 밥을 먹고, 금구에 도착해서 말을 먹였다

한양은 가을 끝이라 벽오동도 가지만 남았는데
모랫길은 멀고 멀어 십 리도 넘네.
주인을 만나고는 도리어 혼자 웃음이 나니
지금의 나는 여전히 지난날의 나로구나.

남으로 오고 북으로 가며 얼마나 시간을 보냈나?
객점의 사람 중에 낯익지 않은 이 없네.
어떡해야 바다와 산의 나무꾼이나 목동처럼
한 소리 길게 푸른 구름 사이로 휘파람 불 수 있을까?

十月初一日戊子, 朝站至豆粥湖上飯, 至金溝秣馬
鳳城秋盡碧梧踈, 沙徑迢迢十里餘.
逢着主人還自笑, 只今猶是向來余.

南歸北去幾時閒, 旅店無人不慣顔.
爭似海山樵牧社, 一聲長嘯碧雲間.

창작 시기 : 영조 28년 임신년(1752, 24세)
출전 : 《이재난고》 1책 2권 119쪽.
작품 해설

 첫째 수는 여정 중에 바라본 늦가을의 풍경과 과거 시험에서 떨어진 허탈한 마음을 표현했다. 한양을 출발할 때 바라본 벽오동은 잎이 다 지고 가지만 남아 있었다. 이제 여정 중에 만난 모랫길은 길고도 길어 마치 십 리도 더 되는 것 같다. 객점에 도착해서 주인을 바라보니 괜히 허탈한 웃음이 나왔다. 한양에서 내려올 때는 과거 합격자의 신분이기를 바랐지만 지금도 여전히 올라갈 때와 마찬가지 신분이었기 때문이다.

 둘째 수에서는 이 주변을 자주 오갔던 사실을 회상하고 있다. 특히 이곳은 고향에서 가까운 곳이라 주변 사람들도 대부분 낯이 익다. 많은 시간을 보냈고 지인들도 많은 이곳에서 나는 지금 무엇을 성취했나? 차라리 나무꾼이나 목동들이 산과 바닷가를 거닐며 호쾌하게 부는 휘파람 소리라도 배워 보고 싶다.

절구(絕句)[188]

소나무 소리는 내게 완연한 서늘함을 주고
원앙새 울음소리는 그에 따라 길게 이어지네.
화내지 않으리, 밤에 오는 서암(西崦)의 비가
복숭아 꽃술 남은 치장을 씻어 낸다 해도.

八絕

松聲乞我十分涼, 鴛語從他百囀長.
不憤夜來西崦雨, 却敎桃蘂洗殘粧.

창작 시기 : 영조 28년 임신년(1752, 24세)
출전 :《이재난고》1책 2권 123~124쪽.
작품 해설

  늦가을의 풍경을 묘사하고 있다. 가을바람에 흔들리는 소나무 소리는 싸늘한 늦가을의 정취를 더욱 진하게 한다. 이에 따라 겨울을 나기 위해 이동하는 원앙새 무리의 소리

---

188) 절구(絕句) : 총 여덟 수 중 두 번째 시다.

도 여기저기서 들려온다. 황윤석이 머물고 있는 서암에 비가 내린다. 아마도 이 비에 남은 복숭아 꽃술도 떨어질 것이다. 하지만 계절의 변화는 내가 어쩔 수 없는 것. 황윤석은 떠나는 가을을 전송하며 이 시를 지었다.

머무는 곳이 바로 서석산[189]과 마주하고 있어서 시를 지었다

삼십 여 년간 꿈에서도 바라던 신선의 산이
지금 푸르고 아름답게 바로 앞에 있네.
봄바람 만 리에서 불자 고향 그리워하는 나그네
하루 종일 바라보며 잠들려고 하지 않네.

寓處政與瑞石山相對, 有詩
夢寐仙山三十年, 只今蒼翠巧當前.
東風萬里思歸客, 終日相看不肯眠.

창작 시기 : 영조 30년 갑술년(1754, 26세)
출전 : 《이재난고》 1책 2권 128쪽.
작품 해설

  2월 9일에 지은 시다. 황윤석은 2월 6일에 집에서 출발해서 이곳 서석산(지금의 무등산) 아래에 도착했다. 바로 앞

---

[189] 서석산 : 무등산의 옛 이름이다.

일기에 시험 감독관들의 이름이 적혀 있다. 이로써 짐작해 보면 황윤석은 아마도 향시(鄕試)에 응시하기 위해 광주로 온 듯하다. 비록 시험을 치기 위해 온 길이었지만 예전부터 보고 싶었던 서석산이 숙소 앞에 펼쳐지자 그 감회를 시로 표현했다.

절을 떠나 월곡으로 향하며

옛 절에는 스님 몇 명만 남아 있고
푸른 산에 잠시 비 내린 뒤
다정한 계곡의 폭포수는
들 언덕에서 나그네를 전송해 주네.

離寺向月谷

古寺殘僧在, 靑山小雨餘.
多情谷簾水, 送客出郊墟.

창작 시기 : 영조 28년 갑술년(1754, 26세)
출전 : 《이재난고》 1책 2권 136쪽.
작품 해설

  황윤석이 남원의 처가에 머물 때 지은 시다. 옛 절을 방문했다가 떠나면서 지었다. 이 시에서 절의 이름은 밝히지 않았지만 이 무렵 일기의 내용으로 보아 보현사(普賢寺)가 아닐까 추정한다. 황윤석이 이 시에 남긴 주석에 따르면 이 절의 입구에는 한 길이 넘는 바위 폭포가 있었다고 한다. 그래서 황윤석은 이 절을 떠나면서 폭포가 자신을 다정하게 전송해 준다고 묘사했다.

느낀 점을 여러 가지로 표현하다[190]

남쪽 언덕 가에 심은 소나무
작고 왜소해 새끼를 치지 못하네.
어찌 동량 될 자질이 부족한 것이겠는가?
뿌리를 품어 줄 흙이 없으니 그런 것을.
불이 나면 타기 쉽고
사람이 가면 또 민둥산이 되네.
옮겨심기를 누구 손에 맡겨야 하나?
멀리 태산과 화산의 벌판을 바라보네.

感懷雜成

種松南皐上, 低矮不生孫.
豈乏材要棟, 奈無土引根.
火來容易燒, 人去也還髡.
移植憑誰手, 長瞻泰華原.

---

190) 느낀 점을 여러 가지로 표현하다 : 율시 다섯 수 중 다섯 번째 시다.

창작 시기 : 영조 31년 을해년(1755, 27세)
출전 : 《이재난고》 1책 2권 136쪽.
작품 해설

  자신의 처지를 왜소한 소나무에 비유한 시다. 남쪽 언덕 가에 심은 소나무는 호남의 흥덕에 살고 있는 황윤석 자신을 가리킨다. 자신이 나라의 동량으로 성장할 수 없는 것은 자신의 자질이 부족한 것이 아니라 자신을 알아보고 품어줄 토양이 없기 때문이라고 말한다.

  소나무가 자리 잡고 있는 남쪽 언덕은 불이 나기도 쉽고 나무꾼들이 자주 와서 벌목을 하는 곳이라고 했다. 즉, 자신이 살고 있는 호남 지방은 난리도 잦고 인재가 커 가기 힘든 지역이라는 것을 비유한 것이다.

  이런 곳에 더 머문다면 희망이 없을 것 같다. 이 소나무를 누구의 손을 빌려 어디로 옮겨야 할까? 황윤석은 한양이 아니라 중국의 태산과 화산의 토양을 바라보았다. 비록 지금은 좁은 조선에서도 명성을 날리지 못하고 있다. 하지만 황윤석이 품은 뜻은 한반도에 국한된 것이 아니라 저 중국 대륙에까지 뻗어 있었다는 것을 알 수 있다.

마음대로 노래하다[191]

모든 분란이나 분쟁에 놀랄 필요 없으니
하늘의 소리[192]가 누굴 위해 울리는지 상관 않으리.
단로(丹爐)[193] 밤마다 타오르는 황씨의 집 안에서
오직 용의 노래[194]와 호랑이 소리[195]만 그리워하네.

---

191) 마음대로 노래하다 : 절구 두 수 중 첫 번째 시다.
192) 하늘의 소리 : 《장자》 제물론에서 남곽자기가 안성자유에게 "너는 사람의 소리는 들었어도 땅의 소리는 듣지 못했고 땅의 소리는 들었어도 하늘의 소리는 듣지 못했을 것이다"라고 했다. 여기서 사람의 소리는 인간 세상의 소리이고 땅의 소리는 대지의 소리이며 하늘의 소리는 우주의 소리라고 할 수 있다.
193) 단로(丹爐) : 신선이 복용하는 단약(丹藥)을 고는 화로를 말한다. 여기서는 화로를 미화해서 표현한 것이다.
194) 용의 노래 : 용의 노래는 이백의 〈청취적(聽吹笛)〉 시에 따르면 "바람이 불어 종산을 감아 도니, 일만 골짜기가 다 용의 노랫소리네"라고 하며 피리 소리를 묘사하는 데 사용했다.
195) 호랑이 소리 : 영웅이 일어나자 사방에서 따르는 것을 호랑이가 움직이자 바람이 이를 따르는 것에 비유한 것이다.

漫詠

萬事風波不用驚, 等閒天籟爲誰鳴.
丹爐夜夜黃家裏, 惟戀龍吟虎嘯聲.

창작 시기 : 영조 31년 을해년(1755, 27세)

출전 : 《이재난고》 1책 2권 146쪽.

작품 해설

　　1~2구에서는 속세에 일어나는 일들에 대해 일일이 놀랄 필요가 없으니 하늘의 소리가 누굴 위해 울리는지도 상관할 필요가 없다고 말한다. 세상을 살다 보면 온갖 일들이 일어난다. 그때마다 일희일비할 필요가 없다는 것이다. 하늘의 소리는 《장자》에 나오는 말로 우주의 소리를 의미한다. 사람들의 이런저런 말들뿐만이 아니라 우주의 소리까지도 상관 않겠다고 말한다.

　　3~4구에서는 때를 기다리는 자신의 모습을 그렸다. 단로(丹爐)는 신선이 복용하는 단약을 고는 화로를 말한다. 황윤석이 단약을 직접 만들었다는 기록은 보이지 않으므로 단로는 선가(仙家)와 직접적인 관련을 가진 단어는 아닐 것이다. 단지 자신이 명예욕을 버린 사람이라는 짐을 드러내기 위해 자신의 방에 있는 화로를 단로라 부른 것으로 보인다. 호랑이 소리는 영웅이 일어나자 사방에서 따르는 것을 호랑

이가 움직이자 바람이 이를 따르는 것에 비유한 것이다.

    황윤석은 세상의 모든 소리에 반응할 필요가 없다고 생각했다. 그 이유는 종교 수행자처럼 세상을 버리고 진리에 침잠하기 위해서가 아니었다. 오히려 호랑이가 포효하고 용이 하늘을 제압하듯 자신이 세상에 뜻을 펼칠 때를 알리는 소리를 기다리고 있는 것이었다.

설산[196]에서 여러 가지를 노래하다[197]

닫힌 사립문에 달빛 비치는 담로(湛老)[198]의 풍류
백 년의 묵은 자취 이제는 희미하네.
누가 다시 기우(沂雩)의 뜻 알아줄까?
옛 묘당엔 사람 없고 낙엽만 날아다니네.

가난한 여행 물품 도리어 웃을 만하니
누굴 위해 앞으로 가고 누굴 위해 돌아오나?
일찍 알고 있던 한 가지 병, 지금 여전히 고민인데
어째서 푸른 바다 모퉁이에서 배회하고 있나?

---

196) 설산 : 전남 곡성의 옛 이름이다.
197) 설산에서 여러 가지를 노래하다 : 절구 아홉 수 중에서 두 번째와 아홉 번째 시다.
198) 담로(湛老) : 황윤석이 존경했던 하서 김인후(1510~1560)를 가리킨다. 그는 전라남도 장성 출신으로 본관은 울산, 호는 하서(河西)·담재(湛齋)였다.

雪山雜詠

湛老風流月掩扉, 百年陳跡此依俙.
誰能更認沂雩意, 古廟無人葉自飛.

落魄行裝轉可咍, 爲誰前去爲誰來.
早知一病今猶惱, 何似相羊碧海隈.

창작 시기 : 영조 31년 을해년(1755, 27세)
출전 : 《이재난고》 1책 2권 148~149쪽.
작품 해설

설산 지역(지금의 전라남도 곡성)을 방문해서 지은 시다.

첫째 수에서 황윤석은 뛰어난 인품과 학식을 가졌고 호남 지역 출신이었던 김인후(1510~1560)에 대한 존경을 나타내고 있다. 김인후의 문집을 보면 그가 곡성 지역에 있을 때 지은 시 중 '밤에는 개 짖는 소리도 없고 닫힌 사립문에 달빛 비치네'라는 구절이 있다. 황윤석은 곡성에 도착하자 김인후의 이 구절이 생각났다. 그래서 김인후의 시 구절을 이용해서 1구를 지었다.

3구의 기우(沂雩)는 《논어》〈선진〉 편에서 가져온 것이다. 그 내용은 다음과 같다. 공자가 여러 제자들과 함께 있는 자리에서 각자의 포부를 물었다. 제자들은 국가의 경영과 관련한 여러 포부들을 이야기했다. 가만히 있던 증점에게 공자가 다시 포부를 물었다. 증점은 자기의 포부는 다른 제자들과 다르다며 대답하기를 주저했다. 공자는 각자 자기의 생각을 말하는 것이니 괜찮다며 말해 보라고 했다. 그러자 증점은 연주하던 비파를 놓고 일어서서, "늦은 봄에 봄옷이 다 지어지면 대여섯 명의 어른과 예닐곱 명의 아이들과 함께 기수에서 목욕하고 무우에서 바람을 쐬고서 돌아오겠습니다"라고 대답했고 공자는 이 대답에 크게 감탄했다. 황윤석은 《논어》의 이 기록을 통해서 세상에서 권력과 부귀영화를 누리는 것보다는 주변 사람들과 행복한 일상을 보내고자 하는 자신의 포부를 드러내고 있다.

둘째 수에서 황윤석은 이 무렵 구례와 곡성 지역을 방문했던 내용을 서술하고 있다. 여러 지역을 다니면서 곤궁한 자신의 여행 물품에 스스로 허탈한 웃음이 나왔다. 분명 목적이 있어서 오가는 길인데 왜 이렇게 궁색한 상황 속에서도 오가야 하는지 의문이 들었다. 게다가 황윤석이 이 시에 남긴 주석에 따르면 당시 그는 무릎이 붓는 고질병을 갖고 있었다. 그래서 이런 사정들을 담아 이 시를 지었다.

누나와 작별할 때 붓을 찾아 벽에 쓰다 절구 두 수

쓸쓸하고 외로운 마음 편하지 않은 건
봄빛이던 귀밑머리 시들려 하기 때문이고
실없이 고인(高人)199)의 웃음 받는 건
눈 덮인 산 멀리 길이 험해서라네.

자귀산 아래에 석양은 기우는데
하늘 끝 오랜 객지 생활에 쓰리게 고향 집 생각하네.
어떤 마음으로 이리 왔다 저리 떠날까?
한 해의 좋은 날 국화꽃에게 부끄럽네.

辭姉氏時, 索筆題壁 二絶

寥落孤懷不自寬, 鬢邊春色欲凋殘.
無端更被高人笑, 雪岳迢迢道路難.

秭歸山下夕陽斜, 客久天涯苦憶家.
何意此來還此去, 一年佳節愧黃花.

---

199) 고인(高人) : 벼슬을 하지 않고 민간에 숨어 지내는 뛰어난 사람.

창작 시기 : 영조 31년 을해년(1755, 27세)

출전 : 《이재난고》 1책 2권 152쪽.

작품 해설

    황윤석에게는 일곱 살 연상의 누나가 있었다. 누나는 노진(盧禛)의 6세손 노엽(盧燁)과 결혼해서 살고 있었다. 황윤석은 8월 29일에 누나 집을 방문해서 며칠간 머물다가 9월 3일에 떠났다. 이 시는 떠나던 날에 누나에게 남긴 시다.

    첫째 수에서는 오랜만에 누나와 만났던 일을 서술하고 있다. 사돈 일가들도 함께 계셔서 편한 자리는 아니었지만 누나와 자형을 만났다는 사실만으로도 반가운 일이었다. 며칠을 머물다가 사돈 일가와 누나 부부에게 인사를 하고 길을 떠났다. 만나서 반갑기는 했지만 곱던 머리칼에 희끗희끗 하얀 귀밑머리가 보이는 누나를 보니 마음이 편치 않았다. 게다가 여러 가지 이유로 고향을 떠나 떠돌아다니는 자신을 고인(高人)들이 비웃을까 걱정도 되었다.

    둘째 수에서 황윤석은 '나는 무엇을 위해 이처럼 고향을 떠나 있는 것일까?'라는 생각을 하고 있다. 그는 학업을 위해서, 과거 시험을 보기 위해서라는 명분으로 자주 고향을 떠나 있었다. 하지만 아직까지도 과거 합격이라는 실질적인 성과는 거두지 못한 상태였다. 그래서 국화꽃 활짝 핀 좋은 가을날에도 고향에서 머물지 못하는 자신이 안타까웠다.

여산을 지날 때 시를 지었다

잠도 덜 깬 채로 옛 역을 떠나니
가야 할 백 리가 앞에 열렸네.
붉은 해는 호리병 속에서 나오고[200]
푸른 산은 말 앞으로 다가오네.
추위는 약해서 술 없이도 물리치나
흥취가 높아서 시를 지어 다듬네.
남쪽 땅을 보고 또 바라다보니
돌아가고픈 마음이 갑자기 밀려드네.

過礪山時有詩

夢殘發古驛, 百里前途開.
紅日壺中出, 靑山馬首來.
薄寒無酒退, 高興有詩栽.

---

200) 붉은 해는 호리병 속에서 나오고 : 《후한서》에 따르면 후한 시대의 술사(術士) 비장방(費長房)이 시장에서 약을 파는 선인(仙人) 호공의 총애를 받아 그의 호리병 속으로 들어갔더니, 그 안에 해와 달이 걸려 있고 별천지가 펼쳐져 있었다는 전설이 있다.

南紀看看盡, 歸心忽已催.「發參禮過礪山故云」

창작 시기 : 영조 32년 병자년(1756, 28세)
출전 : 《이재난고》 1책 2권 159쪽.
작품 해설

9월 26일에 있을 과거 시험을 보기 위해 올라가던 길에 지은 시다. 가야 할 길이 멀기 때문에 해도 뜨지 않은 새벽에 출발했다. 그래서 길을 가던 중에 떠오르는 태양을 볼 수 있었다. 늦가을이라 기후는 쌀쌀했다. 하지만 일찍부터 서둘러 길을 떠난 나그네의 흥취는 시상을 떠올리기에 충분했다. 그런데 갑자기 두고 온 고향의 가족들이 생각나서 그리움이 밀려들었다.

금강에서

긴 강 가로지른 이곳 산은 푸르고
햇볕은 따사롭고 물새는 물결에 출렁이네.
사람들은 지나가며 이곳에서 눈을 감으니[201]
외로운 배 가까이에 사송정(四松亭) 있네.

구불구불 성가퀴 푸른 파도에 잠겼는데
차가운 물결 소리 해 질 녘에 점차 많아지네.
바로 여기 시인의 한없는 뜻
공북루(拱北樓)[202] 돌아가는 길에 미친 노래 불러야지.

錦江卽事

長江來劈峽山靑, 日暖沙禽漾渌汀.

---

201) 사람들은 지나가며 이곳에서 눈을 감으니 : 이 구절에 대해 황윤석은 사송정의 주인들이 모두 강산을 더럽힌 사람들이라서 이렇게 읊었다고 설명했다.
202) 공북루(拱北樓) : 조선 후기에 중건된 공산성의 북쪽 문이다. 충청남도 공주시에 있다.

人過景中還合眼, 孤舟咫尺四松亭.

逶迤粉雊蘸淸波, □□[203]寒聲晚漸多.
政是騷家無限意, 北樓歸路且狂歌.

창작 시기 : 영조 32년 병자년(1756, 28세)
출전 : 《이재난고》 1책 2권 159쪽.
작품 해설

9월 26일에 있을 과거 시험을 보기 위해 올라가던 길에 지은 시다.

첫째 수에서는 한양으로 올라가는 길에 본 금강을 묘사하고 있다. 가을 햇빛은 따사롭고 물새들은 금강의 물결 위에 앉아 일렁이고 있다. 금강의 옆에는 사송정이 있었다. 사송정의 주인들은 그다지 훌륭한 인물이 아니었던 것 같다. 그래서 황윤석은 "사람들은 지나가며 이곳에서 눈을 감으니"라고 표현했다.

둘째 수에서는 당시 유명했던 공산성을 묘사하고 있다. 금강의 물결과 공산성의 성가퀴가 저 멀리 바라보인다. 만약 과거 시험을 위해 올라가는 길이 아니라면 경치 좋은 이

---

203) □ : 원고가 찢어져 판독이 되지 않는 글자다.

곳에서 두루 유람하고 싶지만 현실은 그렇지 못했다. 그래서 과거 시험에서 좋은 결과를 거두고 내려오는 길에 미친 듯이 회포를 풀어 보겠다고 말하고 있다.

여러 친구들이 또 찾아왔다. 양성의 신동(申童)을 만났는데 과거장에서 동접(同接)204)이 되기로 했다. 들건대 그의 조상은 지극히 친한 사이였고, 또 서로 왕래하면서 더욱 가까운 사람도 있었다. 절구 한 수를 써서 주었다

남쪽 마을의 푸른 산은 멀리 있고
서풍에 나그네 방은 썰렁하네.
이제 헤어지면 언제 만날까?
기러기 편에 안부 전하겠지.

諸友又來訪, 又逢陽城申童, 定爲場中同接. 聞其先世, 是□205)至親, 且有往來尤門者, 書贈一絶

南紀靑山遠, 西風旅舘寒.
別離何日見, 憑雁報平安.

---

204) 동접(同接) : 원래는 같은 곳에서 함께 공부하는 것을 가리키는데, 여기서는 과거 시험장에서 같이 시험을 치는 것을 말한다.
205) □ : 판독이 되지 않는 글자다.

창작 시기 : 영조 32년 병자년(1756, 28세)

출전 : 《이재난고》 1책 2권 159쪽.

작품 해설

    과거 시험 하루 전인 9월 25일에 양성(지금의 경기도 안성) 출신의 신동이란 사람을 만났다. 서로 대화를 나누다 보니 조상 대에 서로 교류가 있던 집안의 사람이라는 것을 알 수 있었다. 그리고 내일 과거 시험장에서 함께 시험을 치기로 했다. 내일 다시 만나기로 약속하면서 위의 시를 지어서 주었다.

    1구의 남쪽 마을은 황윤석의 고향을 가리킨다. 고향에서 멀리 떨어져 홀로 있는 이곳 한양에서는 몸과 마음이 다 싸늘한 것 같았다. 이 시에서 핵심적으로 말하려고 한 것은 마지막 두 구절이다. 사실 신동은 내일 과거 시험장에서 만나 함께 시험을 치기로 했다. 하지만 이처럼 우연히 만난 사이기 때문에 내일 과거 시험 이후에는 또 언제 다시 만날지 알 수가 없다. 그래서 기러기를 바라보며 안부의 마음을 전하는 사이가 될 것이라고 말한다.

망우 고개

백문(白門)을 겨우 지나 또 청문(青門)[206]
모래 동산 지는 햇살 따뜻하지 않네.
한양 떠나도 여전히 보는 것은 화려한 산빛
사람 만나 자주 묻는 것은 미호 마을.
세상일에 머리털은 갈수록 세려 하고
눈서리에 마음의 기약 홀로 남았네.
도리어 이곳 망우(忘憂)리에서 잊지 못하는
한강 남쪽 천 리에 떨어진 고향.

忘憂峴

白門繞過又青門, 沙苑斜陽不肯溫.
去國猶瞻華嶽色, 逢人頻問渼湖邨.
風埃鬢髮行將換, 霜雪心期晚獨存.
卻是忘憂忘未得, 漢南千里隔鄉園.

---

[206] 청문(青門) : 천지의 팔방을 팔문으로 나누었을 때, 서남방을 백문이라 하고, 동북방을 청문이라고 한다.

창작 시기 : 영조 32년 병자년(1756, 28세)

출전 : 《이재난고》 1책 2권 162쪽.

작품 해설

    황윤석은 스물여덟 살이던 1756년 9월 26일에 있었던 춘당대 정시에 응시했다가 낙방했다. 9월 28일, 고향으로 돌아가는 길에 동생 황주석과 함께 처음으로 김원행을 방문했다. 김원행은 노론의 영향력 있는 인물로 뒷날 황윤석 형제의 스승이 된다. 처음 김원행의 집을 방문할 때에 이 시를 지었다.

    1~2구에서는 한양의 도성을 빠져나오고 있는 모습을 그렸다. 일반적으로 주위의 여덟 방향을 여덟 개의 문(八門)으로 나누었을 때, 서남쪽을 백문(白門)이라 하고, 동북쪽을 청문(靑門)이라 한다. 따라서 이 구절에서 황윤석이 한양의 서쪽에서 동쪽으로 이동했다는 것을 짐작할 수 있다.

    3~4구에서는 김원행의 집을 찾아가는 동안 펼쳐진 풍경과 자신의 모습을 묘사했다. 당시 황윤석은 과거 시험에 낙방한 뒤 쓸쓸한 마음으로 한양을 떠났다. 스물여덟 살, 당시로서는 적지 않은 나이에 두 번째 낙방을 맛본 황윤석의 마음은 편치 않았을 것이다. 그런데 자신의 처지와는 상관없이 산색(山色)은 아름답게 펼쳐져 있다. 쓸쓸한 황윤석의 마음과 화려한 산색이 서글픈 대조를 이룬다.

5~6구에서는 자신의 처지를 나타냈다. 한 해 두 해 시간은 흘러간다. 과거 시험을 두 번째 쳤지만 좋은 결과를 얻지 못했다. 황윤석은 어려서부터 자신의 학문에 자부심이 컸다. 하지만 그에 걸맞은 성과를 거두지 못하고 있었다. 때문에 이루어 놓은 것 없이 나이만 들어 가는 자신의 모습을 안타깝게 묘사했다.

　6구에서 '눈서리에 마음의 기약 홀로 남았네'라고 한 것은 《논어》의 '추운 계절에도 혼자 푸르른 지조와 절개[歲寒孤節]'를 나타낸 것으로 보인다. 황윤석은 유학자로서 입신양명의 뜻을 품고 있었다. 그런데 지금껏 입신을 하지 못하고 있다. 어쩌면 죽는 날까지 입신을 못할 수도 있을 것 같다. 이런 상황에서 자신이 할 수 있는 다른 선택은 자기 수양을 게을리하지 않으며 선비로서의 올곧은 삶을 유지하는 것일 뿐이다. 황윤석은 두 번째 낙방을 겪으며 그런 자신의 마음을 표현하고 있다.

　7~8구에서는 멀리 떨어진 고향을 그리워하고 있다. 황윤석이 남긴 주석에 따르면 김원행을 찾아가는 길에 망우리(忘憂里)에서 잠시 쉬었다고 한다. '근심을 잊는다'는 뜻의 망우리를 지나면서 황윤석은 부모님이 계신 고향을 떠올렸다. 자신이 지금 머물고 있는 곳은 '근심을 잊는다'는 망우리지만, 오히려 고향에 대한 그리움은 이 때문에 더욱 절실해

졌다. 언어유희로 자신의 심정을 표현한 황윤석의 재능이 돋보인다.

광릉을 지나는 도중에 미음(渼陰)207) 30리를 뒤돌아보며

광릉성 밖에 사람의 자취는 드물고
풀과 누런 진흙의 들길은 희미하네.
삼십 리 여행길을 꺼리지 않았지만
다른 때에 몇 번이나 또 돌아가야 할까?

廣陵途中, 回望渼陰三十里

廣陵城外見人稀, □草黃泥野徑微.
不憚步行三十里, 他時算復幾回歸.

창작 시기 : 영조 32년 병자년(1756, 28세)

---

207) 미음(渼陰) : 지금의 경기도 남양주시 수석동 일대에 해당한다. 수석동은 1914년 수변리(水邊里)의 '수'와 석실리(石室里)의 '석' 자를 따서 붙인 이름이다. '수변'은 글자 그대로 한강을 끼고 있는 지역이어서 붙은 이름이고, '석실'은 이곳에 석실 서원이 있었기 때문에 붙은 이름이다. 석실 서원은 조선 시대 유학자 김창협이 학문을 연구하고 선비들과 교류하던 곳이다.

출전 : 《이재난고》 1책 2권 166쪽.

작품 해설

　김원행의 석실 서원에서 며칠을 머물다가 10월 1일에 집으로 출발하면서 지은 시다. 광릉은 지금의 경기도 광주 지역이다. 황윤석은 석실 서원을 떠나 고향으로 향했다. 어느덧 인적은 드물어지고 들길도 저 멀리 희미하게 보인다.

　과거 시험에는 떨어졌고 처음으로 김원행을 만났다. 적지 않은 스물여덟 살. 명문 집안의 자식들은 한창 관료 생활을 하고 있는데, 자신의 앞길은 보이질 않는다. 얼마나 더 과거 시험을 보러 다녀야 하고, 얼마나 더 배움을 청하러, 인맥을 쌓으려 돌아다녀야 할까? 3~4구는 당시 편치 않았던 황윤석의 마음을 묘사하고 있다.

성환을 지날 때 시를 지었다

모래벌판 아득하니 나무는 멀리 떠 있는 듯,
북풍은 무명옷 찢을 듯 불어 대네.
옛날 역 앞의 물이 미워지네,
나그네의 근심 하나도 씻어 주질 못하니.

過成歡時, 有詩

沙野茫茫遠樹浮, 朔風吹裂木綿裘.
生憎古驛樓前水, 未滌行人一分愁.

창작 시기 : 영조 32년 병자년(1756, 28세)
출전 : 《이재난고》 1책 2권 166~167쪽.
작품 해설

10월 3일에 성환을 지나면서 지은 시다. 오랜 여행길에 모래벌판과 나무는 저 멀리에 보이고, 가을바람은 옷을 찢을 듯 세차게 분다. 과거 시험에 떨어지고 돌아오는 기분이 좋지 않은데, 바람까지 피곤한 여행자를 괴롭힌다. 이곳 성환에는 '근심을 씻어 준다'는 이름을 가진 척수루(滌愁樓)가 있다. 그런데 황윤석의 근심은 조금도 씻기지 않고 있다. 그래서 애꿎게도 척수루가 있는 강물에 화풀이를 하고 있다.

금광 주막의 벽에 짓다

여행길은 사교(沙橋) 십 리 길을 통과했고
북풍은 기러기를 몰고 호성(壺城)을 지나가네.
누가 조국을 떠나는 명비(明妃)의 한을 근심하나?
오히려 비파 들고 말 위에서 연주하네.

題金光酒幕壁

行盡沙橋十里程, 北風駈雁過壺城.
誰憐去國明妃恨, 猶作琵琶馬上聲.

창작 시기 : 영조 32년 병자년(1756, 28세)
출전 : 《이재난고》 1책 2권 167쪽.
작품 해설

  10월 6일에 금광리 주막을 통과하면서 지은 시다. 몸이 아팠지만 황윤석은 고향에 조금이라도 더 빨리 도착하기 위해 길을 떠났다. 부지런히 길을 가서 황화정(皇華亭)[208]에

---

[208] 황화정(皇華亭) : 현 충남 논산시 연무읍 고내리에 있던 정자. 조선 시대에는 충청도 땅이 아니라 전라도 여산읍 소속이었다. 이곳은 전

서 아침을 먹고 여산(礪山)209)에 도착해서 잠시 쉬었다. 다시 길을 떠나 금광리 주막에 도착해서야 요기를 하고 말에게도 먹이를 주었다. 1~2구는 이와 같았던 오늘의 여정을 짧게 표현한 것이다.

3구의 명비(明妃)는 중국 전한 시기의 왕소군(王昭君)을 가리킨다. 왕소군은 중국 전한 원제의 후궁이었지만 황제의 사랑을 받지 못하고 흉노의 호한야 선우에게 시집간 인물이다. 일화에 따르면 화가인 모연수는 자기에게 재물을 바치고 아부하는 후궁들의 모습만 아름답게 그려서 황제에게 올렸다. 왕소군은 뛰어난 용모를 가지고 있었지만 자존심 때문에 모연수에게 뇌물을 주지 않아서 입궁한 지 수년이 지나도록 황제에게 간택되지 못했다고 한다. 그러다가 흉노의 호한야 선우에게 시집을 가게 되었다.

그런데 황윤석은 4구에서 왕소군이 흉노로 가는 말 위에

라도 관찰사가 임무를 교대하던 곳으로 우암 송시열이 지은 〈황화정(皇華亭記)〉 현판이 걸려 있었다. 〈1차 서유기행(西遊紀行)〉 9월 30일 일기에 "일성(壺城)과 은진(恩津)의 경계에 있는 황화정의 작은 비석에 새겨진 커다란 세 글자는 우옹(尤翁 : 송시열)의 자필이다"라는 내용이 나온다.
209) 여산(礪山) : 지금의 전라북도 익산군 여산면이다.

서 비파를 타고 있다고 묘사하고 있다. 아마도 황윤석은 원제에게 사랑받지 못한 채 이름 없는 후궁으로 남아 있는 것보다는 흉노족의 어엿한 왕비로 가게 된 것을 왕소군이 다행으로 생각했다고 해석한 것 같다.

    그렇다면 이 구절은 과거 시험에서 합격해서 온갖 당파 싸움에 휘말리는 것보다는 고향에 머물며 학문에 힘쓰는 것이 더 낫다는 자기 위안의 표현이 아닐까 생각한다.

10월 7일 새벽에 출발했다. 삼례에서 시를 지었다

눈 온 뒤 호산은 멀고,
□□ 하늘은 맑네.
부귀영화 못 누리는 것 근심할 필요 없으니,
이미 저절로 평생은 정해진 것을.
옛 서가에 남은 책들 있으니
새해에는 송아지로 밭 갈아야지.
부모님 모시고 자식 가르치리니
동생도 나와 같은 마음이겠지.

初七日辛未, 曉發. 參禮有詩

雪後湖山迥, □□天宇淸.
未須愁落托, 己自判平生.
舊架殘書在, 新年小犢耕.
奉親因敎子, 季氏亦同情.

창작 시기 : 영조 32년 병자년(1756, 28세)
출전 : 《이재난고》 1책 2권 167쪽.
작품 해설

과거 시험에서 낙방하고 돌아오는 길에 지은 시다. 1~2구에서는 여행 중에 시야에 들어온 풍경을 묘사했다. 3~4구에서는 천명(天命)은 정해져 있는 것이라 말한다. 황윤석은 24세 때 이후 또 한 번 낙방을 맛보았다. 이즈음 그는 과거의 폐단에 대해 여러 번 말했다. 그러면서 과거 시험이라는 것이 자신의 재주만으로 쉽게 통과할 수 없는 것임을 깨달은 듯하다. 그래서 공부는 꾸준히 하지만 그 결과는 확신할 수 없고 오직 하늘이 정해 주는 대로 따를 뿐이라고 자신을 위로하는 것이다.

　5~6구에서는 과거 시험이 끝났으니 다시 전원으로 돌아가겠다고 말한다. 시험이 끝났으니 보던 책들은 서재에 두고 새해에는 송아지 끌고 밭을 갈겠다고 한다. 앞선 시에서 드러났던 호기로운 모습과는 다른 성향을 보인다.

　7~8구에서는 부모님을 모시고 자식들을 가르치면서 살겠다고 말한다. 동생도 황윤석과 함께 낙방을 하고 돌아오는 중이었다. 황윤석은 연이은 낙방과 앞날이 보이지 않는 현실을 마주하게 되었다. 그래서 이제는 그간 가졌던 원대한 꿈에서 깨어나 고향에서 조용히 부모님을 모시고 자식들과 살아가겠다고 말하고 있다.

느낀 점이 있어

서쪽 천축국의 큰 제자 아난[210]은 진실했지만
오히려 마등가에게 법신(法身)을 더럽혔네.[211]
모든 존재들이 정(情)으로 사는 세상에서
어떡해야 정에 얽매인 사람들을 홀로 웃으며 볼 수 있나?

有感
西天大弟阿難眞, 猶被登伽浼法身.
一切衆生情世界, 那能獨笑有情人.

창작 시기 : 영조 32년 병자년(1756, 28세)
출전 : 《이재난고》 1책 2권 169쪽.
작품 해설

---

210) 아난 : 석가모니 부처의 수제자인 아난존자를 가리킨다.
211) 마등가에게 법신(法身)을 더럽혔네 : 《능엄경》에 아난이 탁발을 나갔다가 음녀(淫女)인 마등가(摩登伽)의 유혹에 빠졌을 때, 부처가 문수보살을 보내어 음녀의 마술을 깨뜨리고 아난을 구출했다는 내용이 있다.

정(情)에 얽매여 살아가는 인간 세계에서 어떻게 해야 정(情)에서 벗어나 살 수 있을지 묻고 있는 내용이다. 1~2구는 석가모니 부처의 제자였던 아난의 고사에서 가져온 것이다. 아난은 부처의 10대 제자에 들어갈 만큼 수행이 높은 승려였다. 그는 빈부귀천을 따지지 말고 자비를 베풀라는 부처의 가르침을 들었다. 그래서 그 말을 실천하기 위해 다른 승려들이 꺼리는 색주가로 탁발을 갔다. 그의 의도는 좋았지만 그곳에서 만난 마등가라는 여인의 주술에 걸려 계율을 어길 위기에 처했다가 문수보살의 도움으로 그곳을 벗어날 수 있었다.

  황윤석은 수행이 높은 승려도 세속의 유혹에 흔들렸다는 고사를 인용해서 자신의 생활을 점검해 보고 있다. 어릴 때부터 성현을 본받겠다는 소망을 가지고 학업에 정진하고 있지만 황윤석은 인간관계의 집착에서 쉽게 벗어날 수는 없었던 것 같다. 때문에 아난의 고사를 인용하면서 자신의 마음속에 남아 있는 인간관계에 대한 집착을 털어 낼 방법을 찾고 있는 것이다.

피향정의 옛 추억 절구두수

십 경[212]의 연못에 가을바람 불 때
해 질 녘 나그네 홀로 누각에 올랐네.
운천 어른 떠나신 지 얼마나 되었나?[213]
천 리 너머 그리워하니 머리카락 세려 하네.

운벽당에서 놀았던 것 몇 번이었나?
늙은 매화 여윈 학은 정말로 풍류였지.
지금은 이미 지난 일이 되어 버려
고개 돌려 서쪽 구름 보며 꿈에서도 그리워하네.

披香亭有懷舊遊 二絶

十頃西風菡萏秋, 行人斜日獨登樓.

---

212) 십 경 : 약 3만 평에 해당하는 면적이다.
213) 운천 어른 떠나신 지 얼마나 되었나? : 황윤석의 주석에 "운천(雲泉) 김시간(金時侃) 어른이 시산에 근무하실 때, 나는 그의 두 아들과 손자 한 명 및 김백행과 함께 피향정 운벽당에서 놀았다. 지금은 벌써 벼슬이 갈려 떠나셨기 때문에 그 일에 대해 언급했다"라고 했다.

雲泉此去知多少, 千里相思欲白頭.

韻碧堂中幾度遊, 老梅瘦鶴自風流.
祇今己是成陳迹, 回首西雲夢也愁.

창작 시기 : 영조 33년 정축년(1757, 29세)
출전 : 《이재난고》 1책 2권 174~175쪽.
작품 해설

황윤석은 1757년 8월 29일에 실시 예정인 과거 시험을 보기 위해 8월 17일에 집을 떠나 한양으로 향했다. 이 시는 출발한 그날 피향정을 지나며 지었다. 지금도 연못이 아름다운 그곳 피향정에서 황윤석은 운천 김시간의 자녀들과 함께 놀곤 했다. 시간이 지나 운천 어른은 이곳을 떠나셨고 황윤석도 나이가 들었다. 그래서 유람을 위해서가 아니라 과거 시험을 보기 위해 이곳을 오가곤 한다. 황윤석은 아무런 걱정 없이 이곳의 경치를 즐겼던 옛날이 새삼 그리워졌다.

밤에 앉아

한강 북쪽에서 밤마다 꿈속에서 보는 건
천 리 떨어진 내 고향 호남의 가을.
이 자리에 같이 있을 사람 없으니
누구와 함께 춥고 쓸쓸한 마음을 말할까?

한 점 남아 있는 등불이 있어
등불 심지 돋우며 주머니 속 책을 본다네.
평생 가졌던 경세제민[214]의 뜻
임금께 알릴 길이 막혀 버렸네.

어린 종은 벽을 보고 졸고 있고
여윈 말도 구유[215]가 비어 있네.
한양 사는 즐거움 말하지 마세요.
그저 쌀값 비싸다는 소리뿐이니.

---

214) 경세제민(經世濟民) : 세상을 다스리고 백성을 구제하다.
215) 구유 : 소나 말 따위의 가축들에게 먹이를 담아 주는 그릇.

시장의 사람들 바다같이 많지만
평소에 지낼 적엔 초연하다네.
알아주는 이 드물면 오히려 내가 귀하니
몸 밖에 다시 무엇을 생각하겠는가?

夜坐

漢北連宵夢, 湖南千里秋.
無人同此榻, 誰與說寒愁.

一點殘灯在, 挑花看橐書.
平生經濟志, 阻絶達宸居.

小奴眠向壁, 瘦馬亦空槽.
莫道長安樂, 但聞米價高.

城市人如海, 超然燕處時.
知希還我貴, 身外更何思.

창작 시기 : 영조 33년 정축년(1757, 29세)
출전 : 《이재난고》1책 2권 176~177쪽.
작품 해설

8월 29일에 친 과거 시험에서 낙방하고 다음 날 지은 시다.

첫째 수에서 과거 시험에서 떨어진 심정을 묘사하고 있다. 24세, 28세 때 치렀던 과거 시험에 이어 이번에 친 시험에서도 떨어졌다. 밤마다 생각나는 건 고향의 아름다운 가을. 시험에 낙방한 채 고향 떠나 혼자 있는 이곳은 외롭고 쓸쓸하다고 말하고 있다.

둘째 수에서는 나라를 위해 일할 수 없는 안타까움을 표현했다. 황윤석은 과거 공부와 학문의 두 길을 병행하고 있었다. 과거에 급제해서 관료로서 국정에 참여하고자 하는 의욕도 있었고 학문을 닦아 성현들의 삶을 본받고자 하는 의지도 있었다. 과거 시험에 합격하면 좋겠지만 연이어 떨어진 상태다. 그렇다면 학문으로 이름을 날려 임금에게 알려질 수도 있을 텐데 현재로서는 그것도 쉽지 않았다. 이런 답답한 심정을 묘사하고 있다.

셋째 수에서는 고향을 떠나 한양에 머물면서 경험한 현실을 표현했다. 번화하다는 한양에 와서도 가진 것이 없어 할 일 없는 종은 졸기만 한다. 말은 여위었지만 말먹이 값도 녹록하지 않아서 구유를 채워 주지 못하고 있다. 넉넉하지 못한 지방 선비 황윤석이 살아가기에 한양은 만만하지 않은 곳이었다.

넷째 수의 1~2구에서는 한양에 사람은 많지만 서로를 챙겨 주고 아껴 주는 사람은 없다고 말한다. 시장에만 나가 봐도 수많은 사람들로 붐비지만, 서로의 필요에 따라 교류할 뿐 마음을 나눌 만한 사람은 찾기 어렵다는 것이다.

  3~4구에서는 바깥의 사물에 이끌리지 말고 내면에 충실하라고 말하고 있다. 등용되면 나아가 나라를 위해 일하고 재야에 있으면 홀로 자기 수양에 힘쓰는 것이 유학자의 당연한 도리다. 황윤석은 과거 시험에 합격하지 못한 자신의 처지를 유교 경전의 정신에 입각해서 위로하고 있다.

또

한 해도 벌써 절반이 지나서
가을날 생각이 정말 깊어지네.
역(易)을 공부해도 하도와 낙서[216)]에 어둡고
단약에 공들였지만 화로와 약사발 깨어졌네.[217)]
길이 갈라지자 양자(楊子)처럼 통곡하고[218)]
수레 길 끝나자 완 공(阮公)인 양 슬퍼하네.[219)]

---

216) 하도(河圖)와 낙서(洛書) : 고대 중국에서 예언(豫言)이나 수리(數理)의 기본이 된 책이다.
217) 단약에 공들였지만 화로와 약사발 깨어졌네 : 글자 그대로만 본다면 도교의 양생 수행을 했지만 성취를 이루지 못한 것을 표현한 것이다. 하지만 과거 시험에 불합격한 것을 비유해서 나타낸 것으로도 볼 수 있겠다.
218) 길이 갈라지자 양자(楊子)처럼 통곡하고 : 어떤 길을 선택해야 할지 고민하는 것을 말한다. 옛날 양주(楊朱)가 사통팔달(四通八達)한 큰길에 서서 어디로 가야 할지 몰라 통곡했다는 이야기에서 유래했다. 《회남자》 참조.
219) 수레 길 끝나자 완 공(阮公)인 양 슬퍼하네 : 진(晉)나라의 완적이 수레를 타고 가다가 길이 막히면 문득 통곡을 하고 돌아왔다는 데서 유래했다. 진취적인 인사들이 곤경에 처한 절망적인 상황을 표현한 말이

다 버리고 나니 도리어 웃음이 나는데
하늘에서 바람이 나를 위해 불어오네.

又

一年已絶半, 秋思政悠哉.
易學圖書晦, 丹功鼎器頹.
多歧楊子哭, 窮轍阮公哀.
棄置還成笑, 天風爲我來.

창작 시기 : 영조 33년 정축년(1757, 29세)
출전 : 《이재난고》 1책 2권 177쪽.
작품 해설

　8월 30일에 지었다. 앞의 시를 짓고도 시상이 남아서 '또'라는 제목으로 한 수의 시를 더 지었다.

　모든 일상을 과거 시험을 위해 살아왔는데, 세 번째로 과거 시험에서 떨어졌다. 그래서 이 가을에 생각이 많아질 수밖에 없었다. 《역》에 대해서 적지 않게 공부를 했지만 아직도 하도와 낙서에 밝지 않다. 게다가 신선술을 익히기 위해 단약을 공들여 만들다가 실패한 것처럼, 과거 시험 합격을

다. 《진서(晉書)》 참조.

위해 공을 들였지만 떨어지고 말았다. 그래서 그 옛날 양주(楊朱)가 길을 잃어 통곡하고 완적이 길이 막혀 통곡했던 것처럼 황윤석도 나아갈 길을 찾지 못해 슬퍼하고 있다.

하지만 이 모든 괴로움은 자신의 욕심 때문에 일어난 것이라는 것을 알 수 있었다. 왜냐하면 입신양명을 꼭 해야 한다는 집착을 버리자마자 즐거운 마음이 일어나는 것을 느낄 수 있었기 때문이다.

집에 보내는 편지를 써서 고향으로 가는 사람에게 부탁하며 느낌을 썼다

우리 집은 강의 남쪽 구름과 물 사이에 있는데
기러기 한 마리 나보다 먼저 날아가는구나.
은근하게 '평안'이란 말을 써서 보내는데
맑은 눈물 까닭 없이 옷소매 가득 얼룩지네.

裁家書付鄕便志感

家在江南雲水間, 一鴻先我早飛還.
慇懃寄與平安字, 淸涕無端滿袖斑.

창작 시기 : 영조 33년 정축년(1757, 29세)
출전 : 《이재난고》1책 2권 177쪽.
작품 해설

   마찬가지로 8월 30일에 지은 시다. 자신보다 빨리 고향으로 가는 사람이 있어서 집에 보낼 편지를 부탁했다. 이 편지에는 아마도 과거 시험에서 떨어졌다는 사실과 언제쯤 집에 도착할 것이라는 내용을 쓰고, 그때까지 '평안'하게 계시라고 적었을 것이다.

좋은 소식을 전해 드릴 수 있었다면 눈물이 흐르지는 않았을 것이다. 과거 시험에는 계속해서 떨어지고 있고 드릴 수 있는 말은 '합격'이 아니라 그저 '평안'뿐이었기 때문에 안타까운 마음에 눈물이 흐를 수밖에 없었을 것이다.

혼자서 쓰다

백악산(白嶽山) 앞 경복궁
만년토록 머물던 기운이 성대하게 서려 있네.
금상의 성덕 선열(先烈) 중에 빛나시는데
어째서 대궐을 이곳으로 옮기지 않으시나?

금림(禁林)220) 에 바람이 고요하니 나뭇잎도 조용하고
반수(泮水)221) 에 맑은 서리 내리니 나그네 잠 못 이루네.
어찌하면 중요치 않은 듯한 사람 얻어
심지를 자르며 날 샐 때까지 마주하리?

獨寫

白嶽山前景福宮, 萬年住氣鎭蔥蔥.

---

220) 금림(禁林) : 궁궐 또는 예문관(藝文館)을 가리킨다.
221) 반수(泮水) : 황윤석이 머물던 성균관 부근을 가리키는 것으로 보인다. 옛날 제후의 학궁(學宮)을 반궁(泮宮)이라고 했는데, 그 반궁의 물, 즉 반수(泮水)에 미나리를 심었기 때문에 학궁을 근궁(芹宮)이라 부르기도 했다.

今王聖德光先烈, 何不移鑾宅此中.

禁林風靜葉聲微, 泮水霜淸客睡稀.
安得有人如不重, 剪燈相對至朝暉.

창작 시기 : 영조 33년 정축년(1757, 29세)
출전 : 《이재난고》 1책 2권 177쪽.
작품 해설

9월 2일에 지은 시다.

첫째 수에서는 경복궁을 본 느낌을 서술하고 있다. 황윤석은 과거 시험을 위해 한양에 왔다가 임진왜란 이후 소실된 상태로 있던 경복궁 터를 보게 되었다. 당시는 영조가 국정에 한창 힘을 쏟고 있던 시기였다. 황윤석은 역대 어느 임금보다도 열심히 나랏일을 보고 있는 영조가 경복궁을 다시 복구해 주기를 바라고 있다.

둘째 수에서는 함께 마음을 나눌 만한 사람을 그리워한다. 금림(禁林)에 바람이 고요하니 나뭇잎 소리도 고요하다. 황윤석이 머물던 성균관 부근, 즉 반수(泮水)에는 새벽 서리가 내렸고 황윤석은 그때까지도 잠들지 못했다. 과거 시험에 연이어 낙방한 뒤, 황윤석은 앞으로 어떻게 살아가야 할지 누군가와 속 깊게 대화를 나눠 보고 싶었다. 3구의

'중요치 않은 듯한 사람'은 황윤석이 겪고 있는 어려움을 어렵지 않게 여기고 조언을 줄 만한 사람을 가리키는 것으로 보인다. 황윤석은 그런 사람을 찾아서 밤이 새도록 대화를 나누고 싶었다.

흥덕동

흥덕이란 이름 우연히도 같아[222]
나그네 마음 깜짝 놀라게 하네.
아득한 저 호남 땅
생각하니 마음이 울적하구나.

興德洞

興德偶同名, 偏驚遊子情.
蒼茫湖海外, 以思暗怦怦.

창작 시기 : 영조 33년 정축년(1757, 29세)
출전 :《이재난고》1책 2권 177쪽.
작품 해설

  9월 2일에 지은 시다. 황윤석의 주석에 따르면 당시 한양의 동반동(지금의 종로구 명륜동 3가) 동쪽에 흥덕동이 있었다고 한다. 낯선 땅에서 우연히 고향 마을의 이름을 보고

---

222) 흥덕이란 이름 우연히도 같아 : 황윤석의 고향이 흥덕현(興德縣)이다.

깜짝 놀랐다. 단지 이름이 같을 뿐이었지만, 이 때문에 고향을 한 번 더 떠올리게 되었다. 고향은 저 멀리 남쪽에 있는데 혼자 멀리 떨어져 있으니 마음이 어느새 울적해졌다.

벽송정223)

중옹(仲雍)의 풍모가 서린 벽송정에
남기신 자취가 여전히 향기롭네.
돌아갈 적 금강의 옆길에서
사당을 찾아 넋을 위로하고파.

碧松亭

仲雍風節碧松亭, 遺躅如今尙有馨.
歸去錦江江上路, 欲尋祠廟吊精靈.

창작 시기 : 영조 33년 정축년(1757, 29세)
출전 : 《이재난고》 1책 2권 177쪽.
작품 해설

　9월 2일에 지은 시다. 벽송정에는 태종의 둘째 아들인 효령 대군의 일화가 얽혀 있는 듯한데 자세하지 않다. 중옹은 주(周)나라 태왕의 둘째 아들로 형인 태백과 함께 아우인 계

---

223) 벽송정(碧松亭) : 성균관의 명륜당 뒤 언덕에 소나무 숲이 우거져 있는데, 이곳을 일러 벽송정이라 한다.

력에게 왕위를 양보하고 형만으로 달아난 인물이다. 태종의 첫째 아들은 양녕 대군, 둘째는 효령 대군, 셋째는 뒷날 세종이 되는 충녕 대군이다.

맏아들인 양녕 대군이 태종의 뒤를 이어 왕위에 올라야 했지만 태종은 충녕 대군에게 왕위를 물려주고 싶어 했다. 이것을 눈치챈 양녕 대군과 효령 대군이 동생에게 왕위를 양보해서 세종이 탄생하게 되었다. 이것은 마치 주나라 태백과 중옹이 계력에게 왕위를 양보한 것과 마찬가지다. 따라서 이 시에 등장하는 중옹은 효령 대군을 비유한 것으로 보인다.

공경을 담아 미호 김원행 선생님께 드리다

한강에 가을바람 떨어질 때
선생님은 작은 오두막에.
문농(文農)은 옛 학문 전했고,
낙건(洛建)은 남긴 책 있네.
가르침을 받았지만 아, 어째서 멀기만 하나?
재주를 논하자니 너무 어설퍼 부끄럽네.
높은 산 천년의 뜻
떠나려다 다시 머뭇거리네.

敬呈渼湖丈席下

江漢秋風落, 先生一小廬.
文農傳舊學, 洛建有遺書.
承誨嗟何邈, 論才愧太疎.
高山千載意, 臨發更躊躇.

창작 시기 : 영조 33년 정축년(1757, 29세)
출전 : 《이재난고》 1책 2권 180쪽.
작품 해설

황윤석은 1757년 9월 4일에 두 번째로 김원행을 방문했다. 김원행의 석실 서원에서 며칠을 머물던 황윤석은 9월 6일에 이 시를 지어서 김원행에게 보여 주었다.

1~2구는 김원행이 살고 있는 석실 서원의 가을 풍경을 묘사하고 있다. 김원행은 노론 최고 가문의 후손이었다. 비록 은거해 있었지만 학덕을 겸비했으므로 조정과 재야에 큰 영향력을 미치고 있었다. '선생님은 작은 오두막에'라는 구절은 얼마든지 중요한 관직에 참여할 수 있음에도 불구하고 학문에 힘쓰기 위해 고결하게 재야에 물러나 있는 그의 모습을 묘사한 것이다.

3~4구에서는 김원행의 가문과 학맥을 설명하고 있다. 문농(文農)은 김원행의 증조부인 문곡(文谷) 김수항(1629~1689)과 조부인 농암(農巖) 김창협(1651~1708)을 가리킨다. 안동 김씨 김원행의 가문[224]은 설명이 필요 없는 당대의 명문가였는데 3구는 그가 이처럼 출중한 가문의 후손임을 말하고 있다. 4구의 낙건(洛建)은 정호·정이 형제와 주희를 가리키는 것이니, 김원행이 정자와 주자의 학문을 정

---

224) 김원행의 가문 : 김원행은 원래 김창협의 형인 김창집(1648~1722)의 아들인 김제겸(1680~1722)의 아들인데 김창협의 아들인 김숭겸(1682~1700)에게 아들이 없자 그에게 입양되었다.

통으로 계승하고 있다는 것이다.

5~6구에서는 김원행의 가르침에도 불구하고 자신의 자질과 노력이 부족해서 충분히 배우지 못하고 있다고 한탄한다. 김원행은 기본에 충실한 것을 중요하게 여겼다. 그런데 사실 가장 어려운 것이 기본에 충실한 것이다. 경전의 구절을 많이 외고 능수능란하게 글을 짓는 것도 쉬운 일은 아니지만, 경전이 담고 있는 뜻에 맞게 삶을 살아가는 것은 그에 비해 더욱 어려운 것이다.

따라서 황윤석은 유학에 기반을 두고 그것을 몸소 실천하며 살고 있는 김원행의 가르침을 따르기가 쉽지 않다고 말하고 있는 것이다. 스승에게 올리는 시(詩)기 때문에 겸사를 쓴 것이라 볼 수도 있다. 하지만 김원행의 가르침에 따라 학문에 마음을 두면서도 과거 시험을 도외시하지 못한 황윤석의 처지를 고려해 볼 때 단순한 겸사는 아니었을 것이다.

7~8구에서는 중의적인 표현으로 자연 섭리의 위대함과 학문의 어려움을 묘사하고 있다. '높은 산 천년의 뜻'은 글자 그대로 해석한다면 오랜 세월 동안 변치 않고 한자리에 터 잡고 있는 산을 말한다. 무수한 세월 동안 많은 풍파와 변란이 있었지만 그에 아랑곳하지 않고 본연의 자리를 지키고 있는 자연의 위대함을 드러내는 것이다.

한편, 공자를 태산북두(泰山北斗)에 비유하듯 김원행의

덕망과 학문을 높은 산에 비유했다고도 볼 수 있다. 이 경우 뛰어난 스승 밑에서 전전긍긍하며 그의 학문을 좇으려는 자신의 모습을 비유해서 표현한 것이라고 볼 수도 있겠다.

성균관에서 국화를 보고서

서쪽 울타리에서 국화 몇 그루를 가져왔더니
맑은 향기 온 집 안에 가득해졌네.
주변의 숲에서 만나 문득 걱정에 사무치니
아직도 남쪽 하늘 기러기를 쫓아가지 못해서지.

한 해의 명절 또다시 중양절
남쪽 길 더디고 더딘데 길도 또한 멀다네.
그나마 기쁜 일은 주인이 아침에 전해 준 것
쟁반에 빛나는 홍시는 서리를 머금은 듯했네.

泮齋見菊有懷

栽得西籬菊數株, 坐須淸馥滿堂隅.
環林邂逅還愁絶, 未逐湖天一鴈徂.

一年佳節又重陽, 南國遙遙驛路長.
差喜主人朝餽我, 照盤虬卵恰含霜.

창작 시기 : 영조 33년 정축년(1757, 29세)

출전 : 《이재난고》 1책 2권 182쪽.

작품 해설

　9월 9일 중양절에 지은 작품이다. 중양절은 옛 명절의 하나인데, 이날 남자들은 시를 짓고 각 가정에서는 국화전을 만들어 먹고 놀았다고 한다. 하지만 9월 9일은 여전히 농사일로 바쁜 시기였기 때문에 신분이 높은 사람들이 주로 즐기는 명절이었다.

　첫째 수에서는 중양절에 국화 몇 그루를 가져온 이야기를 서술했다. 원래 중양절에는 국화주를 마시거나 국화전을 먹는다. 고향을 떠나 한양에 와 있던 황윤석은 그럴 처지가 아니었다. 그래서 서쪽 울타리에서 몇 그루 국화를 따서 머물고 있는 숙소로 가져왔다. 그랬더니 몇 송이 안 되는 국화의 향기가 온 집 안 가득 풍기는 것을 느낄 수 있었.

　하지만 국화 향기를 즐기는 마음도 잠시일 뿐, 국화를 바라보자 중양절을 즐기던 고향의 모습이 떠올랐다. 여전히 고향으로 돌아가지 못하고 한양에 머물러 있었기 때문에 갑자기 걱정이 사무쳤다.

　둘째 수에서는 주인의 친절에 감사하고 있다. 중양절이나 중양절 가까운 날짜에 과거 시험이 자주 열리기 때문에 이 무렵에는 고향을 떠나 있는 일이 잦았다. 좋은 명절을 고향 떠나 홀로 보내는 것이 마음 아팠다. 하지만 아침에 숙소의 주인이 내준 홍시에 마음이 많이 풀어졌다. 주인의 친절 덕택에 오랜만에 고향에 있는 듯한 느낌을 받을 수 있었기 때문이다.

동사생(同舍生)[225] 유자눌이 율시 한 수를 지어 주기에 그에 답했다

호남 밖에서는 친한 친구 적은데
서쪽에서 온 그대는 유독 현명하네.
마음속에 품은 뜻은 옥수(玉樹)[226]처럼 빛나고
사(詞)와 부(賦)[227]는 용천(龍泉)[228]을 담금질한 듯.
기상은 이미 푸른 노을 들어 올리니
명성은 마땅히 밝은 태양처럼 빛나리.

---

225) 동사생(同舍生) : 성균관에서 함께 숙식하며 공부하는 사람을 가리킨다.
226) 옥수(玉樹) : 지란옥수(芝蘭玉樹)의 줄임말로 우수한 집안의 자손을 비유하는 말이다.
227) 사(詞)와 부(賦) : 한문 문체의 이름이다. 운자를 달아 지은 한시를 통틀어 가리킬 때 사용하기도 한다.
228) 용천(龍泉) : 뛰어난 보검의 이름이다. 오나라 때 북두성과 견우성 사이에 늘 자줏빛 기운이 감돌기에 장화(張華)가 예장의 점성가 뇌환에게 물었더니 보검의 빛이라고 했다. 이에 풍성의 감옥 터 땅속에서 춘추 시대에 만들어진 전설적인 두 보검 용천(龍泉)과 태아(太阿)를 발굴했다 한다. 《진서(晉書)》 참조.

뜬구름 같은 인생은 덕(德)에 따라 사는 것이니
성균관 숲 옆에서 한번 웃어 보네.

우연히 만남이 이루어졌으나
세상에 찌든 몸을 감히 어질다 할까?
나는 사탕수수 먹는 것229)도 다행이라 여기는데
다시 차가운 샘물230)에 깜짝 놀라네.
마음을 나누니 정녕 다정하건만
헤어질 것 생각하니 참으로 마음 저리네.
헤어지고 만나는 건 세상 보통 일이라
앞날의 기약은 저편에 있다네.

同舍柳子訥甫, 贈一律和之

湖外知音少, 西來子獨賢.

---

229) 사탕수수 먹는 것 : 점입가경(漸入佳境)과 같은 뜻이다. 진(晉)나라 때 고개지가 사탕수수[甘蔗]를 먹을 때마다 꼬리부터 먹어 들어가므로, 어떤 이가 그것을 괴이하게 여겼다. 고개지가 말하기를 "점차 좋은 곳으로 들어가기 위해서다(漸入佳境)"라고 했다. 《진서(晉書)》 참조.
230) 차가운 샘물 : 원문인 '열천(洌泉)'은 한강 또는 우리나라를 가리킨다.

襟期皎玉樹, 詞賦淬龍泉.
氣已靑霞擧, 名應白日懸.
浮生緣德在, 一笑泮林邊.

偶然成邂逅, 形穢敢云賢.
自幸啑其蔗, 還驚瀨洌泉.
交情方惓惓, 別思定懸懸.
離合人間事, 前期若箇邊.

창작 시기 : 영조 33년 정축년(1757, 29세)
출전 : 《이재난고》 1책 2권 182쪽.
작품 해설

9월 10일에 지은 시다. 황윤석은 고향인 호남을 떠나면 벗을 만나기 어려웠다. 그런데 한양에서 우연히 만난 유자눌은 그에게 율시 한 수를 지어 주며 호감을 표시했다. 이런 유자눌에게 답례의 뜻을 담아 위와 같이 율시 두 편을 지었다.

첫째 수의 1~2구에서 먼 지방에서 온 자신을 알아본 유자눌을 유독 현명한 사람이라고 치켜세웠다. 3~4구에서는 그가 현명한 것은 옥수(玉樹)와 같이 훌륭한 집안 출신이기 때문이고 유명한 검인 용천(龍泉)과 같이 날카로운 문장력을 갖췄기 때문이라고 칭찬했다.

마지막 구절에서는 부질없어 보이는 인간 세상에서 큰 힘이 되는 것이 덕(德)인데, 자신에게 율시를 지어 주며 보여 준 유자눌의 덕스러움이 바로 그런 것이라며 즐거운 마음을 드러냈다.

　둘째 수의 2구에서 황윤석은 '세상에 찌든 몸을 감히 어질다 할까?'라는 말로 자신의 부족한 덕을 드러냈다. 이처럼 겸손하게 황윤석은 유자눌의 호의에 감사를 표시한 것이다. 3구의 '사탕수수 먹는 것'은 점입가경과 같은 뜻이다. 4구의 '차가운 샘물'은 한강을 나타내는데, 여기서는 한양 유력 가문들의 현실을 비유한 것으로 보인다.

　즉, 황윤석은 앞날을 기대하면서 지금의 부족한 현실도 다행이라 여기며 살았다. 그런데 막상 한양의 여러 뛰어난 가문들을 보니 자신과는 너무 차이가 나서 놀랐다고 말하고 있는 것이다. 마지막 구절에서는 한양에서 만난 인연이 오래가지 않을 것을 예감하며 아쉬움을 나타내고 있다.

안사성에게 써 주다

동남의 명승은 소백산을 일컬으니
그대의 집이 높은 산에 있는 줄 알겠네.231)
가을바람에 나막신 신자던 예전의 약속은 지나 버렸지만
일찍부터 봐 왔던 그대, 귀밑머리는 아직 세지 않으셨네.

書贈安師聖
名勝東南說白山, 知君窓戶近屛顔.
秋風蠟屐前期去, 早早相看鬢未斑.

창작 시기 : 영조 33년 정축년(1757, 29세)
출전 : 《이재난고》 1책 2권 182쪽.
작품 해설

　9월 12일에 지은 시다. 황윤석의 주석에 안사성은 안향(1243~1306)의 후손이라고 되어 있는데, 그 외의 다른 사항은 기록되어 있지 않다. 1~2구에서는 안사성이 소백산

---

231) 그대의 집이 높은 산에 있는 줄 알겠네 : 황윤석의 주석에 안사성의 집은 소백산의 아래에 있다고 했다.

아래에서 살고 있다는 것에 착안해서 그가 명승지를 가까이 두고 있다는 사실을 언급했다.

    아마도 안사성과 황윤석은 예전에 만난 적이 있었던 것 같다. 그래서 소백산에 한번 함께 가자고 약속을 했는데 그것을 지키지 못한 것을 3구에서 말했다. 마지막 구절에서는 예전에 만난 뒤로 시간이 많이 흘렀지만 여전히 흰머리도 별로 없이 건강한 모습을 하고 계시다며 덕담을 하고 있다.

안사성에게 드리다

가을바람에 노 하나로 단양으로 향하니
강물은 넘실넘실 나그네 길은 머네.
소백산 돌아가면 밝은 달도 좋으리니
가죽신 가득한 서리를 부러워하지 않을 수 없네.
내 집은 호남 땅 농사짓고 고기 잡는 마을
천 리 너머에서 그대를 반수 가에서 만났네.
헤어지는 아쉬운 마음 무엇으로 전할까?
날이 추워져도 솔잎은 홀로 푸르겠지요.

錄呈師聖

秋風孤棹向丹陽, 江漢盈盈客路長.
歸去白山明月好, 不應止羨滿靴霜.
儂家湖外稻魚鄉, 千里逢君泮水傍.
臨別慇勤何以贈, 歲寒松鬣獨蒼蒼.

창작 시기 : 영조 33년 정축년(1757, 29세)
출전 : 《이재난고》 1책 2권 182쪽.
작품 해설

9월 13일에 고향으로 돌아가는 안사성에게 써 준 시다. 뱃길로 단양을 향하는 안사성을 1구에서 '노 하나로 단양으로 향하니'라고 표현했다. 명산인 소백산에서 보는 가을 달은 참으로 아름다울 것 같다. 밝은 달이 뜬 밤, 가을 서리 맞으며 가죽신 신고 달구경을 할 안사성을 생각하니 부러운 마음이 들었다. 그런 마음을 3~4구에 담았다.

예전에 알던 안사성이지만 이번 한양 길에 와서야 다시 만나게 되었다. 나는 호남에서 그는 충북에서 산다. 마음만 먹는다면 오갈 수 있는 길이긴 하지만 빡빡한 현실에서 실행하기는 쉽지 않은 일이다. 그래서 날이 추워져도 선비의 절개는 푸르름을 잃지 않는다는 세한고절(歲寒孤節)의 뜻을 담아 이별의 시로 건네주었다.

노량진 나루터에서

다급하게 한양을 떠나와서는
느긋하게 갈림길에 서 있다네.
맑은 새벽 노량진 나루터로 내려와
외로운 배에서 남산을 바라보네.
천지간에 마음은 씩씩하기만 한데
세상사에 귀밑머리는 세려 하네.
문득 간밤의 꿈을 생각해 보니
몸은 벌써 고향 땅에 가 있었지.

鷺渡漫詠

忽忽去京國, 悠悠歧路間.
淸晨下鷺渡, 孤棹望南山.
宇宙心猶壯, 風塵鬢欲斑.
却思前夜夢, 身已到鄕關.

창작 시기 : 영조 33년 정축년(1757, 29세)
출전 : 《이재난고》 1책 2권 184쪽.
작품 해설

황윤석은 8월 29일에 있을 과거 시험을 치기 위해 8월 17일에 고향을 떠나 한양으로 향했다. 8월 29일의 과거 시험에서 떨어졌지만 바로 고향으로 향하지는 않았다. 왜냐하면 9월 13일에 국제(菊題)가 예정되어 있다는 말을 들었기 때문이었다. 국제는 나라의 경사를 축하는 의미에서 실시하는 과거 시험인데, 이번에는 중양절을 축하하는 의미에서 실시한다고 했다.

하지만 황윤석은 국제에서도 떨어졌다. 이제는 집으로 돌아가야 했다. 고향에서 아버지께서 부탁한 편지를 전달하고 몇몇 사람들을 만난 뒤 9월 18일에 고향으로 향했다. 고향을 떠난 지 한 달이 넘어서였다. 이 시는 한양을 떠난 지 이틀째 되던 9월 19일에 지은 시다.

여러 번 과거 시험에서 떨어졌지만 아직 황윤석의 마음은 꺾이지 않았다. 하지만 이제 점점 나이가 들어 간다는 것을 스스로 알 수 있었다. 그리고 언제나처럼 고향에 대한 그리움은 꿈에서조차 잊히지 않았다. 이런 마음을 담아 이 시를 지었다.

민절 서원232)

길게 한탄하네, 추강집 옛 기록 중에
사육신 외에 세 분의 충신이 생략된 것을.
누가 나와 함께 하늘에 호소해서
한곳에서 천년토록 아홉 분을 배향할까?

愍節書院

長恨秋江舊傳中, 六先生外畧三忠.
誰能共我號閶闔, 一室千年享九公.

창작 시기 : 영조 33년 정축년(1757, 29세)
출전 : 《이재난고》 1책 2권 184쪽.
작품 해설

앞선 시와 마찬가지로 9월 19일에 고향으로 향하면서 지은 작품이다. 고향 가는 길에 만난 민절 서원은 노량진에 있던 서원으로 사육신을 모시고 있는 곳이었다. 남효온(1454

---

232) 민절 서원 : 서울특별시 동작구 노량진동에 있었던 서원이다. 1681년에 사육신을 모시는 사당으로 설립되었다.

~1492)은 《추강집》에 실은 〈육신전〉에서 사육신의 충절을 칭송했다. 그런데 황윤석은 여기에 황보인·김종서·허후의 충절이 추가되지 않은 것이 아쉬웠다. 그런 마음을 담아 하늘에 호소해서 사육신과 함께 이분들을 같이 추모하면 좋겠다고 말하고 있다.

해 설

　《이재 시선 2》는 황윤석의 《이재난고》에 실린 그의 자작시 중에서 그가 19세부터 29세 사이에 지은 작품들을 중점적으로 번역한 책이다. 이 책의 저본이 되는 《이재난고》는 황윤석이 10세 되던 해부터 세상을 떠난 때인 63세까지 자신의 삶을 기록한 일기다. 거의 모두 초서(草書)로 썼는데, 전체 규모는 총 57책에 달하는 방대한 분량이다. 황윤석이 친필로 쓴 초서본 《이재난고》는 1994년부터 2003년까지 총 9년 동안의 작업 끝에 한국정신문화연구원에서 전 9책으로 완간되었다. 이를 200자 원고지로 환산하면 원문만 약 58393매, 번역할 경우 약 291965매에 달하는 엄청난 분량이다.

　황윤석의 조상은 본래 춘천에 사회 경제적 기반을 두고 서울을 자주 드나들었다. 그러다가 호남으로 이주한 뒤, 윗대의 선조들이 문장과 행실로 이름을 떨치면서 호남의 선비 가문으로서 뿌리를 내리기 시작했다. 특히, 황윤석의 작은 할아버지 황재중은 당시 최고의 학자였던 김창협의 문인이었는데 학문이 뛰어나 사망한 뒤에는 사당에 배향되기도 했다.

황윤석은 이런 가문의 전통을 이어받아 지역 사회에서 선비 가문으로서의 지위를 유지·강화하는 한편, 과거 시험을 통해 중앙 정치 무대로 진출하기 위해 한평생 노력했다. 《이재난고》는 황윤석이 지역 사회의 선비 가문 출신으로서 가졌던 삶의 자세를 생생하게 보여 준다. 이런 점을 고려해 보았을 때, 《이재난고》의 특징은 아래와 같이 정리할 수 있다.[233)]

첫째, 중앙 정치 무대로의 진출 노력과 좌절을 기록한 한 지방 선비 가문의 일대기.

황윤석은 과거 응시와 관직 부임 등의 목적으로 22차례 한양 기행을 다녀온다. 이런 여행을 통해 호남의 선비 가문 출신이었던 황윤석은 자신의 눈에 비친 18세기의 지방 및 한양의 세태를 사실적으로 기록했다. 뿐만 아니라 과거를 통한 입신양명을 위해 중앙 정치 무대로 진출하려 기울였던 자신의 집요한 도전과 좌절의 과정을 꼼꼼하게 기록하고 있다.

둘째, 서양 문물과의 접촉을 통해 변화해 간 한 전통적 지

---

233) 여기서 제시한 《이재난고》의 특징은 《이재난고》의 내용 중, 한양 기행 부분을 번역했던 이재난고역주사업단의 견해를 인용한 것이다.

식인의 자서전.

황윤석의 집안은 송시열의 학통을 이어받아 완고한 노론계 성리학적 전통을 지키고 있었다. 황윤석도 어린 시절부터 이런 분위기에 익숙해 있었다. 하지만 여러 차례의 한양 기행을 통해 서양의 서적과 문물을 접하게 되면서 그의 시각은 변모해 간다. 황윤석은 전통적인 지식인으로서 겪었던 새로운 세계관적 충격과 갈등, 또는 그를 통한 타협과 배제의 과정을 생생하면서도 개방적인 자세로 기록하고 있다.

셋째, 18세기 한양의 활기찬 학문 풍토에 동참한 박학한 선비의 박물학적 기록.

황윤석은 잦은 한양 기행과 체류를 통해 유력 선비 가문의 사람들을 만난다. 당시 한양에는 서명응·홍대용·박지원·이덕무 등 새로운 유형의 지식인들이 고증학적·실사구시적 학문 풍토를 주도하고 있었다. 황윤석은 자신이 간직하고 있던 전통적 관심 위에 천문학·수학·과학·역학 등 다양한 학문을 섭렵하면서 박학다식한 지식인의 면모를 갖추어 간다. 황윤석은 그 같은 자신의 박식한 학문적 성향을 매우 사실적이면서도 자유분방하게 기록하고 있다.

이처럼 《이재난고》는 한 지방의 선비 가문이 중앙 정치 무대로 진출을 시도하다가 끝내 좌절했던 과정을 담담하게 고백하고 있는 한 편의 일대기이고, 한 전통 지식인이 서양 문물과 접촉하면서 겪은 충격과 수용의 과정을 기록하고 있는 한 편의 자서전이며, 그리고 지방의 지식인이 새로운 도시적 분위기 속에서 박학한 선비로 성장하게 된 계기를 보여 주고 있는 박물학적 기록의 성격을 지닌다.

시는 작가의 감정을 직설적으로 혹은 에둘러서 드러낸다. 그런 점에서《이재난고》에 실린 황윤석의 시 중에서도 중요한 작품들만을 집중적으로 번역한《이재 시선》은 호남을 중심으로 한 18세기 지방의 세태와 도시적 면모를 갖추어 가던 한양의 분위기를 함께 읽을 수 있는 '새로운' 고전 자료라 할 수 있다.

한시에 대한 황윤석의 생각

황윤석의 시를 깊이 있게 이해하기 위해서는 그가 시에 대해 어떤 생각을 가지고 있었는지 알아볼 필요가 있을 것이다.《이재난고》를 살펴보면 수많은 인물들이 등장하고 이들 인물들이 정세(政勢)나 성리학에 대해 언급한 많은 기록이 있지만 문학에 대해서는 상대적으로 남아 있는 것이 많지 않다. 문학에 관해 남아 있는 기록은 스승인 김원행과, 김원행의 아들이자 황윤석의 친구인 김이안과의 대화에서 주로 나타난다.

따라서 아래에 인용한 《고주집(孤舟集)》의 서문은 그의 문학을 이해하는 데 중요한 역할을 한다. 《고주집》은 조선 중기 학자 정운희(丁運熙)의 시문집인데, 황윤석은 이 책의 발간에 맞춰 쓴 서문에서 자신의 문학적 견해를 구체적으로 서술하고 있기 때문이다.

> 도(道)라는 것은 여러 물건들을 매일 사용하는 도리(道理)일 뿐이다. 심신(心身)과 성정(性情)의 은미(隱微)함에 근본해 가정과 마을과 나라의 광대함에까지 형상화하는 것이다. 그것에 따라 잃지 않음이 있고 그것을 향해 멀리하지 않는다면 《서경》의 전모(典謨)가 한유·구양수와 함께하고, 《시경》의 풍아가 이백·두보와 함께하는 것이니 그 문장과 그 시가 어디 간들 도가 아니겠는가? 건안[234]·여릉[235] 연간의 사륙문이 또 도에 가까웠지만 진실로 그렇게 여기지 않아서 사람은 사람대로이

---

234) 건안(建安) : 후한 헌제 때의 연호로 196년부터 220년에 걸쳐 사용되었다.
235) 여릉(廬陵) : 송(宋) 무제(武帝)가 자신의 둘째 아들인 유의진(劉義眞)에게 내린 시호다.

고 문장은 문장일 뿐이었다.

비록 이른바 당·송의 문장과 한·위의 시와 서유236)의 사륙문이라도 도에 위배됨이 많을 것이니 세상에서 뛰어나고 훌륭한 선비라고 알려진 사람도 정말로 그렇다고 할 수 있겠는가? 내가 예전에 이런 선비들을 우리나라에서 찾을 때 그 단서를 발견할 수 있었으니, 명종과 선조가 교차될 즈음에 문학이 매우 번성했다. 이에 퇴계와 율곡과 같은 여러 선생들이 앞서거니 뒤서거니 하면서 주자의 도를 밝혀서 삼국과 고려의 2000년이나 이어져 온 미천한 풍속을 한 번에 변화시키고 새롭게 만들었다. 그런 까닭으로 예악형정(禮樂刑政)과 충효의열(忠孝義烈)이 거의 이상적인 사회에 점점 도달해서 도의 실제 쓰임이 땅부터 하늘까지 끝없이 찼으니, 그 인재를 키워 내는 것이 성대했다. 문장에는 소재·간이·월사가 있고, 시에는 고죽·옥봉·구봉·손곡·석주가 있어 함께 서로 일어나 한시를 광대하게 만들었다. … 풍신(風神)237)

---

236) 서유(徐庾) : 중국 남북조 시대 대표적인 문장가인 서릉(徐陵)과 유신(庾信)을 함께 가리키는 말. 이 두 사람은 화려하고 정밀한 문장으로 이름을 날렸는데, 이들의 문체는 '서유체(徐庾體)'라고 불렸다.

237) 풍신(風神) : 풍신은 사람의 외모를 가리키던 말인데, 문학 비평 용어로 사용할 경우에는 작가의 정신이나 기질이 작품 속에 잘 녹아 있

의 시원함과 흥상(興象)238)의 광대함과 음율의 맑음과 격조의 아름다움은 명나라 가륭 여러 학자들의 평가를 따랐고, 그 출입한 것은 개원·대력의 사이였으니 송대(宋代)의 뛰어난 사람이라야 혹 어깨를 나란히 할 수 있었다.

"도라는 것은 사물을 매일 사용하는 도리일 뿐이다." 황윤석은 시와 문장에 대해 설명하면서 도(道)의 개념을 먼저 서술했다. 스승이 늘 강조했던 '도를 담고 있는 문장'이라는 개념에 자신도 공감하고 있음을 나타내는 것이다. 이 도(道)는 《대학》의 조목과도 같이 심신과 성정에 숨겨져 있고 미세한 가운데에서 근원해 집안과 마을과 온 나라에까지 퍼져 나간다고 말한다.

또 도를 잘 따라서 늘 잃지 않고 멀리하지 않는다면 산문의 모범이라고 알려진 《서경》의 전모(典謨)가 한유와 구양

거나, 문학 작품의 내적·외적인 요소가 잘 어우러진 것을 '풍신이 뛰어나다'라고 평가한다.
238) 흥상(興象) : 흥(興)이란 것은 시인의 감정과 관련한 것이고 상(象)이란 것은 시인의 눈에 비친 대상인데, 이 두 가지가 조합되어 독자로 하여금 곱씹는 여운을 느끼게 해야 흥상이라고 할 수 있다.

수의 산문에 녹아 있고, 시(詩)의 모범이 되는 《시경》의 풍아가 이백과 두보의 시에 녹아 있는 것과 같을 것이니 어떤 산문을 짓든 어떤 시를 쓰든 간에 모두 도가 드러날 것이라고 말한다.

황윤석은 《서경》과 《시경》의 뜻을 한유·구양수·이백·두보가 체득하고 있다고 말했다. 이것은 경전이 품고 있는 뜻이라는 것이 결코 인간이 다다를 수 없는 먼 것이 아니라 인간이 삼가고 노력한다면 몸으로 익힐 수 있다는 주장이다.

또 우리나라에서는 퇴계 이황(1501~1570)과 율곡 이이(1536~1584)가 주자의 도를 가지고 나라의 풍속을 바꾸어 놓았다며 성현의 학문이 우리나라에 온전하게 전해졌다고 말하고 있다. 이어서 문장과 시에서 소재 노수신(1515~1590)·간이 최입(1539~1612)·월사 이정구(1564~1635)·고죽 최경창(1539~1583)·옥봉 백광훈(1537~1582)·구봉 송익필(1534~1599)·손곡 이달(1539~1612)·석주 권필(1569~1612)과 같은 인물들이 그것을 더욱 빛내고 키웠다고 말하면서 우리나라의 도학(道學)과 문장이 중국에 못지않게 광대하다고 자부하고 있다.

마지막으로 황윤석은 옥봉 백광훈·송호 백진남(1564~1618)과 어깨를 나란히 할 수 있는 시의 조건, 즉 최고 수준의 시는 가륭 시절 여러 학자들의 평론239)과 일치하는 풍신(風神)의 시원함, 흥상(興象)의 광대함, 음률의 맑음, 격조의 아름다움을 갖추어야 하고 개원(開元, 713~741)·대력(大曆, 766~779), 즉 성당·중당의 시와 비슷해야 한다고 말하고 있다.

그런데 황윤석이 말한 좋은 시가 되기 위한 조건 가운데 풍신과 흥상 등에 관해서는 호응린240)이《시수》에서 언급한 말이 있다.

대개 시를 짓는 큰 법칙은 흥상과 풍신, 격률과 음조에

---

239) 가륭 시절 여러 학자들의 평론 : 가륭(嘉隆)은 명나라 세종(世宗)의 연호인 가정(嘉靖)과 목종(穆宗)의 연호인 융경(隆慶)으로, 그사이는 조선의 명종(明宗)과 선조(宣祖)의 교체기에 해당한다. 이 시기에 명나라에서는 호응린의 한시 비평서인《시수(詩藪)》가 지어졌고,《이재난고》에는 황윤석이 호응린의《시수》를 배웠다는 기록이 있다.

240) 호응린(胡應麟, 1551~1602) : 명나라 금화부(金華府) 난계(蘭溪) 사람. 자는 원서(元瑞) 또는 명서(明瑞)고, 호는 소실산인(少室山人) 또는 석양생(石羊生), 부용봉객(芙蓉峰客) 등을 썼다. 산중에 집을 짓고 수만 권의 장서를 구매해 두루 암기하면서 박학을 과시했다. 시론(詩論)을 다룬《시수(詩藪)》를 저술했는데, 시체(詩體)와 시대(時代)에 관한 표준을 세운 최초의 책으로 알려져 있다.

불과하다. 격률이 미천하고, 음조가 어그러지면, 풍신과 흥상은 하나도 볼만한 것이 없게 되니, 곧 시인의 큰 잘못인 것이다(蓋作詩大法, 不過興象風神, 格律音調. 格律鄙陬, 音調乖舛, 風神興象, 無一可觀, 乃詩家大病).

호응린은 "시를 짓는 큰 법칙은 흥상과 풍신, 격률과 음조에 불과하다"라고 주장했는데, 이것은 황윤석이 좋은 시의 풍격 조건으로 주장한 풍신의 시원함, 흥상의 광대함, 음률의 맑음, 격조의 아름다움과 거의 일치한다. 흥상과 풍신은 두 사람의 주장이 완전히 같고, 호응린이 말한 체격성조(體格聲調)는 황윤석의 음률의 맑음, 격조의 아름다움과 거의 유사하다.

황윤석은 시 문학에 관한 자신의 전반적인 의견을 피력하면서, 실제 작품의 창작에서 필요하다고 생각한 풍격적 특징을 호응린의 주장에 근거해서 말하고 있다. 이것은 황윤석이 호응린의 주장에 깊이 동조하는 바가 있었다는 것을 짐작하게 하고, 또한 이재 스스로도 자신의 작품을 창작하는 데 호응린의 주장을 수용했을 가능성이 높다는 점을 보여 준다.

시를 분류할 때 당시풍(唐詩風)과 송시풍(宋詩風)을 구분하는 것은 쉽지 않다. 게다가 풍격 용어를 정의하는 것 또

한 어려운 일이다. 그러나 〈고주집 서〉를 통해서 황윤석이 풍신과 흥상을 강조한 당시(唐詩)를 기준으로 삼고 있다는 사실을 파악할 수 있으며 이것은 그가 이식(李植)의 《두시비해(杜詩批解)》와 호응린의 《시수》를 자주 읽었기 때문에 그 영향을 받은 것이라고 봐도 무방할 것이다.

《이재 시선 2》에 실린 시들에 대해

영·정조 시대를 살았던 호남 선비 황윤석은 어린 시절부터 시작해서 사망하기 며칠 전까지, 53년의 세월 동안 일기를 써서 총 57책에 달하는 《이재난고》를 남겼다. 이 일기 속에는 약 1630제(한 제목 속에 여러 편의 시가 있는 경우가 많다)의 한시가 담겨 있다. 《이재 시선》은 그중 작품성과 대중성이 높은 작품을 선별해서 번역하려는 기획이며, 그 둘째 권인 이 책은 황윤석이 18~29세 때 남긴 작품들을 모아놓은 것이다. 이 시기에서 주목할 만한 내용은 다음과 같다.

첫째, 학문과 과거 시험 사이에서 갈등하는 그의 모습을 볼 수 있다.

둘째, 공적인 자세를 유지하려는 그의 마음가짐을 볼 수 있다.

셋째, 학문과 입신양명에 대한 집착에서 벗어나 마음의 여유를 보이기 시작한다.

학문과 과거 시험공부 사이에서의 갈등

황윤석은 7세 때부터 학문을 시작해서 10대 말에는 눈병을 얻을 정도로 공부에 열중했다. 그 결과 18세 무렵에는 학문적 자부심을 드러내기도 했다. 하지만 이 무렵의 황윤석은 오로지 학자적으로 학문에 매진할 것인지 아니면 본격적으로 과거 시험공부에만 전념할 것인지에 대해 고민을 하기도 했다.

어떤 사람의 질문에 대답하다

누군가 묻기를 "옛날에 현명했던 사람들은 모두 과거 시험에 합격했으니
과거 시험에 합격해야 진짜 선비가 되지요.
그대가 내 말을 믿지 못하겠거든
부디 우리나라 사람과 송나라 사람을 보세요".

내가 말하길 "현명한 사람이 되는 것은 스스로 넉넉함이 있어서니

과거 합격 한 가지에만 매여 있지 않았지요.
만약 그대 처음 말이 옳다면
요즘 사람들 모두 송나라 때 선비와 같겠지요".

答或人問
人問先賢盡出身, 出身方做大儒眞.
如君若不吾言信, 請看東人與宋人.

我謂爲賢自有餘, 非從科目一窠拘.
如君只把初頭說, 今世人將盡宋儒.

    과거 시험을 통해 벼슬살이를 하는 삶과 참된 선비와의 관계에 대해 문답의 형식을 빌려 표현한 시다. 첫째 수에서 벼슬을 통해서만 참된 선비가 될 수 있다고 화두를 던진다. 이에 답하는 둘째 수의 1~2구에서는 현인(賢人)이 현인이 된 까닭은 과거 시험을 통한 벼슬살이 때문이 아니라고 말한다. 황윤석은 현인은 보통 사람들과는 다른 뛰어난 점들이 있어서 현인이 된 것이라고 생각한다. 그래서 질문한 첫째 수의 내용처럼 벼슬길에 올라 공적을 쌓아서 현인이 된 것이 아니라고 반박한다.

    3~4구에서는 질문의 내용이 옳다면 지금의 우리나라 선

비들은 모두 송나라 유학자와 같을 것이라고 말한다. 황윤석이 살던 시기 조선의 선비들은 대부분 과거 시험에 목을 매고 있었고 황윤석도 그런 점에서 자유롭지 못했다. 만약 질문자의 말처럼 벼슬을 통해서 현인이 된다면 그간 조선에는 과거 시험에 급제해서 벼슬길에 오른 사람들이 부지기수니 그들 모두가 송나라 유학자와 같은 실력들을 가지고 있어야 한다고 말한다. 다음 시에서는 과거 공부에 대한 견해를 더욱 구체적으로 밝히고 있다.

앞 시의 뜻을 거듭하면서 내 뜻을 말한다

과거 시험의 한 길에 대해 옛 현인(賢人)은 어찌했나?
모두들 아무렇게나 내팽개치진 않았지.
세상을 경영하고 백성을 구제하는 일은 과거 합격에서 펼쳐지고
문장가(文章家)로서의 길도 그로써 빛난다네.
하늘이 혹시 돕지 않아 당장 관직에 임명되지 못하더라도
벼슬에는 때가 있는 법이니 그런 것에 연연하지 말자.
과거 시험이 사람을 얽매는 것이 아니라 사람이 스스로 과거 시험에 얽매인다는

주희 선생님의 아름다운 가르침에 홀로 길게 감탄하네.

再申前意且道自意.
荊圍一路昔賢何, 皆是非容任放過.
經濟業當由布展, 文章道亦以光華.
天如莫佑將無命, 仕或有時莫戀他.
科不累人人自累, 紫陽徽訓獨長哦.

율시 두 수 중 첫째 수다. 1~2구에서는 현인(賢人)들도 과거 공부를 완전히 버릴 수는 없는 것이라 여겼다고 말한다. 과거 공부를 해서 벼슬살이하는 것에 대해 옛 현인들은 어떻게 처신했을까? 황윤석은 스스로 이 질문을 던진 다음 다시 스스로 대답한다. 현인들도 과거 시험이 완전히 불필요한 것이라고는 생각하지 않았다. 그랬기 때문에 마음대로 과거 공부를 버리는 것을 현인들이 받아들이지 않았다고 말한다. 이 2구의 아래에 황윤석은 "(현인들도) 어쩔 수 없었기 때문이다"라고 주석하고 있다.

3~4구에서는 경세제민, 즉 세상을 경영하고 백성을 구제하는 것과 도(道), 이 두 가지 모두 외적으로 드러날 필요가 있다고 말한다. 경제제민의 뜻을 굳건하게 가지고 있다

하더라도 그 뜻을 펼칠 지위에 있지 못하면 실행할 수가 없다. 그래서 과거 공부를 통한 관직 등용은 필요하다고 말할 수 있는 것이다.

도(道)에서도 마찬가지다. 아무리 심오한 도라 하더라도 거칠고 어렵게 표현한다면 사람들의 눈을 끌어당기기 어렵다. 도의 근본이 비록 화려한 꾸밈에 있는 것이 아니라 할지라도 사람의 주목을 받기 위해 문장을 유연하고 아름답게 수식하는 것도 필요하다고 말하고 있다.

5~6구에서는 벼슬에 연연하지 말자고 다짐한다. 과거에 합격하고 관직에서 승승장구하는 것은 천명(天命)에 달려 있는 것이다. 비록 하늘이 크게 돕지 않아 임금으로부터 임명을 받지 못한다 하더라도 때에 따라서 벼슬을 하기도 한다. 황윤석은 과거 시험 합격과 관직 등용에는 다 때가 있는 것이라고 말하면서 이에 연연하지 말자고 스스로 다짐한다.

7~8구에서는 과거 시험에 스스로 얽매이지 말라는 주희의 가르침을 되새기고 있다. 과거 시험은 그냥 시험일 뿐 사람을 잡아다 괴롭히거나 구속을 가하는 법이 없다. 그러나 사람이 스스로 과거 시험에 목을 매고 집착하며 괴로워하고 있다. 황윤석은 이와 같은 주희의 가르침을 떠올리며 자신은 과거 시험에 구속되지 않으리라 다짐한다. 동시에 탁월

한 주희의 통찰력에 감탄하고 있다. 이어서 둘째 수를 보자.

>집안이 남쪽으로 돌아온 지 이백 년인데
>생각도 못했네, 가문이 이처럼 쓸쓸해질 줄.
>출세했다는 명성은 어느새 어디에도 없고
>성공과 실패의 이치도 하늘에 묻기 어려워졌네.
>마음을 다해 끝까지 일을 해내라고들 하고
>앞으로 갈 길도 머니 채찍질을 더해야지.
>푸른 등불 환하고 글 읽으려 등잔 켠 밤
>홀로 여러 성인(聖人)들의 옛 책들을 외워 보네.

>南落歸來二百年, 那知門戶此寥然.
>飛騰名已掃全地, 否泰理難問上天.
>聞說苦心終做事, 且從長路益加鞭.
>靑灯耿耿書灯夜, 獨誦群龍万古編.

1~2구에서는 자신의 집안이 흥덕에 터 잡은 지 200여 년 동안 관계(官界)에서 명성을 떨친 인물이 한 명도 없다고 한탄한다. 황윤석의 7대조인 황처중이 흥덕에 자리 잡은 뒤 대대로 이곳에서 200여 년을 살았다. 그동안 이렇다 할 벼슬을 한 사람이 없었다. 숙부인 구암 황재중이 농암 문하에서

공부한 선비였다는 사실만이 가문의 자랑거리가 될 뿐이었다. 그래서 흥덕에서 살아온 짧지 않은 기간 동안 가문에 영달한 사람이 없었던 사실을 안타까워하고 있다.

3~4구에서는 명문가의 반열에서 완전히 멀어졌으므로 더 이상 성쇠를 점치기도 어렵다고 말한다. 200여 년간 고위 관료나 이름난 선비를 배출하지 못한 이상, '높은 벼슬아치를 많이 배출한 명문 집안이다'라는 말, 혹은 '고매한 학식을 가진 선비를 많이 배출한 집안이다'라는 평가를 받을 수가 없다. 이른바 명문가의 대열에서 완전히 멀어져 버린 것이다. 그래서 가문의 성쇠를 점치기조차 어려운 처지에 놓였다고 말한다.

5~8구에서는 하지만 이에 실망하지 않고 열심히 학업에 매진할 것을 다짐한다. 세상 사람들은 '고심해 일을 마친다'는 말을 한다. 황윤석은 이 말에 공감할 수 있었다. 그래서 먼 길을 앞두고 있지만 우선 지금의 한 걸음을 내딛으려 하고 있다.

비록 200여 년이나 고위 관료를 배출하지 못한 한미한 집안이지만 황윤석은 자신감을 잃지 않았다. 가문의 영광을 회복하기 위해서는 세상 사람들의 말처럼 노력하는 수밖에 없다. 그래서 뭇사람이 좋은 시절이라 하며 즐기는 정월대보름 밤에도 홀로 책상 앞에 앉았다. 등불을 밝히고 옛 성현들의 책을 베끼며 암송한다. 조만간 자신의 힘으로 가문을 다시 일으키겠다는 의지를 되새기면서.

공적인 자세를 유지하려는 그의 마음가짐

황윤석은 아버지의 권유로 14세에 《서경》 '기삼백(朞三百)'의 의미를 추론했다고 했는데 이것이 천지 운행의 원리에 대해 관심을 가지게 된 최초의 계기가 된 것으로 보인다. 그리고 그는 표연말(1449~1498)과 구숙손(?~?)이 《주역》에 통달해서 성종의 총애를 받게 된 야사(野史)를 꼼꼼하게 기록해 놓고 있는데, 이 사실로 미루어 보아 뛰어난 인재가 드물었던 역학이나 수리 등의 분야에서 탁월한 실력을 쌓음으로써 관직 등용의 기회를 넓히려고 했던 것 같다.

황윤석은 위와 같이 학문에 대해 관심과 재능을 보이고 있었다. 동시에 유학자로서 갖추어야 할 덕목인 지조와 절개 등, 공적(公的) 자세에 대해서도 개인적인 견해를 드러냈는데 그에 대한 내용을 보여 주는 시를 살펴보자.

　　편지를 대신해서 정사도에게 부치다

　　무성한 남산의 소나무
　　울창한 북쪽 언덕 대나무

귀한 건 늙어서도 절개를 지키는 것이니
눈서리 하얗다고 두려워 말자.

代簡十九首, 寄丁師道
蔥蒨南山松, 修森北岸竹.
所貴保晚節, 不怕霜雪白.

영조 25년 기사년(1749, 21세)

친구인 정사도에게 편지를 대신해서 보낸 19수의 절구시 중 18번째 수다. 세한(歲寒)의 절개를 상징하는 소나무와 선비의 지조를 상징하는 대나무에 빗대어 늙어서도 절개를 지켜 나갈 것을 말하고 있다. 이처럼 올곧은 선비의 덕목인 지조와 절개의 견지는 황윤석이 어린 시절부터 만년에 이르기까지 늘 마음에 두고 있던 것으로 보이는데, 아래에서 그가 공직자의 지조와 관련해 구체적으로 진술한 내용을 살펴보자.

내가 서명응 대감이 올해 연경에서 돌아와서 임금께 아뢴 별단(別單)을 보니, 청나라 왕이 전겸익의 문집을 불태워 버렸다는 말을 기록하고 있었다. 그 내용은 전겸익이 청나라 초기에 청나라에 협조했으니 이미 큰 절개를 잃었는데도, 사적으로 전한 문집에서는 청나라를 비방하고 모욕했으니 이것은 세상을 속이려는 계획에서 나왔을 뿐이라고 일일이 거론하고 있었다. (중략) 만약 전겸익이 탁월하게 절개를 지키면서 금나라 말기의 원호문과 송나라 말기의 문천상을 고고하게 배웠다면 저들이 비록 3척의 주둥이를 가지고 쪼아 댄다 하더라도 어찌 모욕과 배척을 받았겠나? 지금 용모를 아름답게 꾸민 음란한 여인이 있는데 사내가 행여나 그녀를 유혹한다면 이것은 단지 한때의 욕정이 그렇게 만든 것이지 그녀를 독실하게 아껴서 오래도록 잊지 않으려는 것이 아니다. 하늘의 이치는 원래 밝게 드러나서 일이 지난 뒤에 바로 부끄러움을 느끼게 된다. 신하로서 절개를 잃은 사람이 또 어떻게 새로운 조정의 총명한 군주에게 깊은 사랑을 받겠나? 백세 이후에도 본보기로 삼을 만하다.[241]

전겸익(1582~1664)은 명나라 말기에 관료로 있으면서 청나라 군대가 강남으로 쳐들어왔을 때 항복해 그들 밑에서 벼슬을 했다. 황윤석은 이런 전겸익의 태도에 깊은 유감을

---

241) 《이재난고》 3책 14권 152면.

드러낸다. 그는 만약 전겸익이 청나라 왕조가 들어섰을 때 조정을 떠나 지조를 지키면서 금나라 말기의 원호문(1190~1257)이나 송나라 말기의 문천상(1236~1282)처럼 행동했다면 뭇사람의 비난을 받지 않았을 것이라 말하고 있다. 그리고 마지막 문장에서 '백세 이후에도 본보기로 삼을 만하다'며 공직자가 지켜야 할 지조와 절개의 중요성에 대해 다시 한번 강조하고 있다.

아래의 글을 보자.

서울의 사대부 가운데 나에게 한두 번 만나자고 청한 사람이 없지 않았지만 나는 오히려 스스로 어리석고 못났다고 생각해서 선을 긋고 감히 한 번도 그들의 문에 자취를 남기지 않았다. (중략) 홍 상국(봉한)의 경우 저쪽에서 만나 보자고 부지런히 요청하지 않은 것은 아니지만 나는 끝까지 한 번도 만나려고 하지 않았다. (중략) 병술년에 벼슬에 나아간 이래로 서문청(지수) · 정 판서(홍순)와 같은 사람들은 참으로 나를 추천해 준 공이 있었는데 내가 혼자서 '공적으로 벼슬을 받고 사적으로 은혜를 갚는 것은 옛사람이 재임할 때 재상을 대했던 도리가 아니다'라고 생각해서 찾아뵙지 않았다. (중략) 세상에 나와서 이와 같이 행동하니 벼슬하는 데 무슨 도움이 되겠나? (중략) 오직 대략을 기록해서 두 아들에게 보여 주어 후세의 자손들이 내가 비록 늦게 벼슬을 시작했지만 오히려 스스로를 소중히 여긴 것이 이와 같았다는 것을 알기 바란다.[242]

자신이 관직에 있으면서 했던 처세를 후손에게 보여 주기 위해 기록한 글인데, 그가 자신의 신념을 가지고 공정하게 관직 생활을 하려고 노력한 흔적을 엿볼 수 있다. 정조의 외조부였던 홍봉한(1713~1778)이 자신을 불렀지만 정당한 사유를 가지고 만남을 청한 것이 아니었기에 만나지 않았고, 자신이 관직을 얻을 수 있도록 추천해 준 영의정 서지수(1714~1768)와 이조판서 정홍순(1720~1784)까지도 공적인 도리에 어긋날 것을 염려해 사적으로 만나지 않았다고 말하고 있다. 여기에 '세상에 나와서 이와 같이 행동하니 벼슬하는 데 무슨 도움이 되겠는가?'라고 덧붙여 자신의 이러한 행동이 관직 생활에 보탬이 되지 않는다는 것을 알고 있었음을 나타냈다.

황윤석의 이러한 모습은 도의(道義)가 무너진 관료 사회

---

[242] 《이재난고》 3책 18권 649면.

에서 자신만이라도 원칙을 고수하고자 했던 자기 절제의 의지를 보여 준다고 할 수 있다. 성공적인 관직 생활을 위해서는 권력자들과 일정 정도 친분 관계를 유지하는 것이 유리하다는 점을 알고 있었기에 황윤석은 학맥과 인맥 등을 통해 당대 벌열이었던 안동 김씨·달성 서씨·풍양 조씨 등과 교류하고 있었다.

하지만 황윤석은 이들에게 당시 관례에 따라 공적인 추천을 부탁하기는 했어도 인사권자에게 직접적으로 벼슬을 청탁하거나 이권을 얻기 위한 부탁을 하지는 않았다. 이는 그가 공적인 사항에서 최소한의 공정함을 지키려는 의지를 가지고 있었기 때문이라 생각한다.

학문과 입신양명에 대한 집착에서 벗어난 마음의 여유

학문에 대한 열정으로 10대 시절을 보낸 황윤석은 스무 살 되던 정월에 창원 정씨와 혼인해 처가인 남원 월곡에서 신혼 생활을 시작한다. 황윤석의 시 전체를 살펴보면 혼인을 한 20대 초반에 자신의 일상적인 감정이나 자연의 경치를 노래한 시를 많이 창작했음을 볼 수 있다. 이는 학문에 대한 의지를 담은 시가 다수였던 앞선 시기와는 사뭇 다른 양상이다.

이러한 변화를 가져오게 된 결정적인 요인은 아무래도

혼인이 아니었을까 생각하는데, 학업에만 신경 써도 되던 10대 시절과는 달리 혼인으로 인해 가장이 되고 또한 인간관계도 넓어지면서 사람에 대한 이해의 폭이 다소 넓어졌기 때문으로 보인다. 또한 남원의 처가와 흥덕의 본가를 오가면서 자연 경관과 역사 유적을 자주 만나게 된 것도 황윤석 시의 내용에 변화를 준 요인이라고 생각한다. 때문에 이 시기부터는 학문과 인생에 대해서도 다소 여유를 가지고 바라보는 내용의 시들이 보이기 시작한다. 아래의 시를 보자.

신미년 춘축(春祝)

새봄 문미(門楣)에 도부(桃符) 붙이고
봄의 신(神)께 묻나니, 마음에 드시는지?
인간 세상 뜬구름 같은 영화엔 전혀 상관 안 하려니
평생토록 아이 같았던 노래자처럼 장난치리.

辛未春祝
新春楣額貼桃符, 爲問靑皇會意無.
人世浮榮渾不管, 百年長弄老萊雛.

영조 27년 신미년(1751, 23세)

23세에 맞이한 입춘의 춘축(春祝)이다. 춘축은 일반적으로 한 해에 대한 소망과 기원을 담는다. 황윤석은 스물세 살 한 해에 대한 기원으로 인간 세상의 뜬구름 같은 부귀영화에는 관여하지 않고, 살아 있는 동안 효도에 힘쓰겠다고 말하고 있다. 10대 때 보여 주었던 학문에 대한 열정과 비교해 볼 때 삶을 대하는 태도가 많이 원숙해진 모습이다.

처음 학업에 열중하고 과거 시험을 준비하던 무렵의 황윤석은 자신의 재능과 노력에 대한 자부심이 충만해 있었다. 하지만 지금 이 춘축에서는 과거 시험에 꼭 급제하겠다는 생각에서 한 걸음 물러나 있는 듯한 모습을 보인다. 황윤석은 이미 20세 때 "과거 제도가 떨어지고 무너졌나, 돈 있으면 청운에 올라 귀해지고(科制已墜頹, 有錢靑雲貴)"라고 읊은 적이 있었는데 이로 보아 과거 급제가 실력만으로 되지 않는다고 생각한 것 같다. 과거 시험과 공직의 현실에 대해 다음과 같은 견해를 드러내기도 했기 때문이다.

> 사대부가 처음 벼슬해서 소속되는 관청으로는 승문원을 첫째로 삼고 성균관을 다음으로 여긴다. 대개 건국 초기에 인물을 등용하는 것은 오히려 문벌에 구애받지 않아서 나이가 어리고 재주가 뛰어난 사람은 승문원에 보직을 받았고 나이가 많고 지식이 깊은 사람은 성균관에 보

직을 받았는데 그들이 옥당으로 함께 돌아오는 것은 같았다. 명종과 선조 때에는 더욱 경학을 숭상했으므로 소소한 집안의 자제들이 벼슬에 나가 요직에 오르는 데 무슨 제한이 있었겠나? 유독 계해반정 이후로 여러 훈신들이 자기 자손들만을 위한 터전으로 삼아서 일체 청현의 관직은 도성문 밖에서 배출되는 경우가 드물었고, 경외 각 아문 관원들도 도성 안 둘레 30리 내에 있는 수십 대가를 벗어나 배출되지 않았다. '어진 이를 등용하는 데에는 출신의 제약이 없다'는 말이 진실로 이와 같은 것이겠는가?[243]

황윤석은 인용문에서 조선 건국 초에는 과거 시험에 급제하고 요직에 오르는 것이 개인의 능력으로 가능했는데, 1623년에 있었던 인조반정 이후로는 반정의 공신들이 중요한 관직 자리를 자기 자손들만을 위한 것으로 전용하면서 '어진 이를 등용하는 데에는 출신의 제약이 없다'는 공정한 인사 정책이 사라져 버렸다고 말하고 있다. 이러한 당대 관료 조직의 문제를 인식하고 있었기 때문에, 황윤석은 과거 시험에 급제해서 고위직에 오르고 부모님께 그 영광을 돌리

---

[243] 《이재난고》 3책 15권 278면.

고자 했던 자신의 의지가 쉽게 성취될 수 없다는 사실을 짐작하고 있었던 것으로 보인다.

  그렇다면 자신이 할 수 있는 일은 그저 부모님을 편히 모실 수 있도록 노력하는 것뿐이었다. 때문에 기약할 수 없는 입신양명에 연연하기보다 지금 당장 부모님께 효도하는 것을 한 해의 기원으로 삼은 것이다. 불투명한 앞날에 대한 고민에 싸여 있는 것보다는 현실을 있는 그대로 받아들이면서 가족과 자신이 직면한 하루하루에 최선을 다하는 것이 올바른 삶의 자세라고 생각했던 것이다.

지은이에 대해

황윤석은 1729년(영조 5) 4월 28일 전라도 흥덕현 구수동(현 고창군 성내면 조동)에서 황전의 둘째 아들로 태어났다. 아버지인 황전과 어머니 김씨 사이에는 3남 2녀가 있었다. 황윤석에게는 형이 있었으나 요절해서, 그가 실질적인 장남으로 지냈다.

황윤석은 20세에 정씨와 결혼해서 3남 4녀를 두었으나 이 중 1남 1녀가 어릴 때 세상을 떠났다. 소실과의 사이에서는 2남 1녀를 두었다. 황윤석은 1791년(정조 15) 4월 17일 사시에 63세로 귀수동 만은재 서별실에서 사망했다. 사망한 지 6개월 뒤에 고부군 후리 조상의 무덤에 장례를 치뤘으나, 현재는 화순군 한천면 천운산에 묘소가 있다.

황윤석의 자(字)는 영수(永叟)이며, 호(號)는 이재(頤齋) · 이재려인 · 실재 · 서명산인 · 운포주인 · 산뢰 · 산뢰노인 · 산뢰려인 · 산뢰산인 · 산뢰수 · 순양자 · 월송외사 등이 있다. 그런데 아버지가 《주역》의 산뢰이괘(山雷頤卦)를 인용해 서실에 이(頤) 자를 크게 써 붙여 놓고 '말을 조심하고, 음식을 절제한다'는 뜻을 명심하게 해 주로 '이재[頤

齋, 《주역》 이괘(頤卦)의 내용을 실천하겠다는 뜻]'를 사용했다.

 그의 집안이 호남으로 내려와 살기 시작한 것은 그의 고조할아버지인 황종혁 때부터인데, 증조할아버지 황세기와 할아버지 황재만, 작은 할아버지 황재중, 아버지 황전에 이르기까지의 4대에 걸쳐 학자적 명성이 이어진 명문(名門)이었다. 작은 할아버지 황재중은 농암 김창협의 문인으로 당대(當代)의 뛰어난 선비였고, 아버지 황전은 학문이 우수하다 해서 재랑(齋郎)의 벼슬에 추천되기도 했다.

 이러한 학자 집안에서 태어난 황윤석은 5~6세의 나이 때부터 할머니 김씨 부인에게서 글자를 익히기 시작했고, 7세에 《소학》을 배우면서 《사기》와 사서오경을 두루 읽게 되고 제자백가까지 열람했다. 6세에 쉬운 글자를 맞추어 시를 짓는 법을 할머니로부터 배웠고, 9세 때에는 이미 세상 사람들에게 그의 뛰어난 재주가 알려졌다. 그 계기가 된 것은 그즈음 흥덕현감이 마을 선비들을 모아 글짓기 대회를 열었는데, 어린 황윤석이 아버지를 따라 참여해 선발되었던 것이다. 당시에 한 선비가 곁에 있던 고부현감에게 "이 자리에 중국에서 소년 천재라 알려졌던 왕발 같은 아이가 있군요"라고 하며 이재를 크게 칭찬했다고 한다.

 14세에 임영(林泳, 1649~1696)의 《창계집(滄溪集)》을

읽고 세상의 시작이 무엇인지에 대해 관심을 가지게 되었고, 16세에 그의 책 중 하나인 《이수신편(理藪新編)》을 쓰기 시작했다. 18세에는 당시에 이름난 학자였던 박필주(朴弼周, 1665~1748)에게 올리려고 글을 썼는데, 그 안에 "10세쯤 되었을 때 이후로 비로소 과거 공부 외에 이른바 성리학이 있다고 듣고서는 마음속 깊이 느낀 바 있어 이 학문에 몸을 맡기고 열심히 공부할 뜻이 있었습니다"라는 내용이 있었으니 이것으로 볼 때 그의 학문에 대한 뜻이 보통 사람과는 달리 높은 곳을 지향하고 있었음을 알 수 있다. 하지만 이 글을 박필주에게 전달하진 못했다. 박필주가 곧 별세했기 때문이기도 하지만, 박필주의 스승은 소론의 박세채(朴世采, 1631~1695)였으므로 황윤석이 박필주를 스승으로 모실 경우 전통적으로 노론이었던 자신 집안의 성격상 문제가 생길 수 있음을 염려했던 것으로 보인다.

18세에는 당시 국내에서는 희귀했던 자명종을 구해 보고 〈자명종을 보고(觀自鳴鐘)〉라는 글을 지었고, 21세에는 아내의 집안사람인 정후라는 인물과 '사람의 본성과 짐승의 본성은 같은가 다른가'의 문제를 토론했으니, 이미 이때 황윤석의 학문은 크게 성숙했음을 알 수 있다.

황윤석은 24세 무렵을 시작으로 평생 동안 26차례에 걸쳐서 한양의 과거에 응시했고 이를 위해 22차례나 서행(西

行)을 했다. 서행은 수도를 향해 가는 것을 뜻하는 말로, 중국 당나라 시기에 타 지역에서 장안(長安)을 향해 가는 것을 가리키는 말이었는데, 조선 시대에도 한양을 가는 것을 빗대어 이 용어를 사용했다.

두 번째 서행 길이었던 28세에 황윤석은 처음으로 김원행(金元行, 1702~1772)을 만났다. 이때 김원행과 나누었던 대화를 살펴보면 다음과 같다.

> "남쪽 지역에서 스승으로 삼아서 공부할 만한 사람이 있었는가?" 하시니 내가 말하기를 "집안 어른 이외에는 따로 말씀드릴 만한 분이 없습니다. 두세 분 정도의 덕 있는 어른이 혹 동네에 혹 지역 내에 계실 뿐이었습니다"라고 하고, 수촌 백시덕 어른, 둔옹 이이정 어른, 임당 노세극 어른을 말씀드렸다.

윗글을 보면 황윤석이 김원행을 스승으로 섬기기 전에 집안어른들과 동네 또는 인근 지역의 인물들로부터 배웠음을 알 수 있다. 대화 속에 등장하는 백시덕의 외할아버지는 그 유명한 반계 유형원(1622~1673)이었다. 백시덕은 성리학에 뛰어났고, 명예나 이익을 추구하지 않아서 여러 선비들이 존경하는 사람이었다고 한다. 이이정은 기록이 남아 있지 않은 인물이다. 노세극은 황윤석의 자형인 노엽의 아버지였다.

황윤석이 서명응과 만났을 때 나눈 대화를 살펴보면 황윤석의 학문에 영향을 준 다른 인물이 등장한다.

서 영감께서 말씀하셨다. "혹시 따로 공부한 곳은 있으시오?" 내가 말했다. "아버지께선 젊으셨을 때 할아버지와 할머니를 모시면서 과거 공부를 하셨습니다. 그런데 할아버지와 할머니 두 분이 모두 돌아가신 뒤로는 수십 년을 집 안에서 공부만 하셨습니다. 그래서 저는 어려서부터 아버님께 배웠습니다. 장성한 뒤로는 저희 지역에서는 때때로 양부솔의 가르침을 들었고, 한양 쪽으로 올라가서는 김원행 어른께 배운 지가 거의 10년입니다."

윗글을 보면 황윤석이 어려서는 집에서 수업을 받았고 성장해서는 양부솔과 김원행에게 가르침을 받았음을 알 수 있다. 양부솔은 양응수(楊應秀, 1700~1767)를 가리킨다. 그는 황윤석의 아버지인 황전과 고암 서원에서 강좌를 열며 함께 공부한 사이였다. 양응수의 학맥을 살펴보면 권집에게서 배웠고, 이조참판과 대제학을 지낸 이재(李縡, 1680~1746)의 문하에 출입했다. 또 송명흠·김원행·박성원·유언호 형제·조정·이휘지 등과도 교분이 두터웠고, 신경준과는 아내 쪽 집안으로서 각별한 사이였다. 양응수와 관련한 기록에는 황윤석·양제인·양재신을 뛰어난 제자로 꼽고 있으며, 양응수는 당시 선비들에게 독실하게 공부하는 인물로 알려져 있었다고 한다.

황윤석은 31세에 진사시에 합격한 후, 아우 황주석과 함께 다시 김원행을 찾아가 폐백을 드리고 정식으로 사제 관계를 맺었다. 이후로 과거를 보러 상경할 때마다 거의 김원행을 찾아갔는데 주로 과거보다는 학문에 힘쓰라는 가르침을 받았다.

황윤석은 뛰어난 학문적 역량에도 불구하고 31세에 비로소 진사시에 합격했고, 여러 번 대과(大科)에 응시했지만 운이 없었던 탓인지 번번이 실패했다. 그러던 중 학문이 호남 인물 중 최고라고 알려져 1766년(영조 42) 그의 나이 38세에 장릉참봉의 벼슬을 받았다. 이 관직을 받는 데에는 장성 부사를 지낸 정경순(?~1795)과 태인현감을 지낸 조정(趙 畋)[244]의 힘이 컸다.

---

244) 조정(趙畋) : 고구마 종자를 유입한 조엄(趙曮)의 동생이다. 그는 숙종 45년(1719) 출생했기에 황윤석보다 10년 연상인데, 조돈(趙暾)·조엄·조정 삼 형제 중에 막내다.

3년간 장릉참봉을 지내고, 40세에는 의영고 봉사, 41세에는 사포서와 종부사 직장, 43세에는 6품직으로 올라 사포서 별제가 되었다. 48세 되던 1776년(영조 52)에는 익위사 익찬, 50세에 사복시 주부, 그해 12월에 장릉령이 되었고, 51세가 되었을 때 드디어 평소의 꿈이었던 현감이 되었다. 목천현감의 직함을 얻게 된 것이다. 하지만 늘 꿈꾸었던 현감의 직위는 자신의 뜻대로 되지 않았다. 그와 함께 일하던 아전들이 창고의 곡식을 도적질해 유용한 것을 차마 법대로 다스리지 못하고 독촉해서 반납시키려다가 도리어 모함을 받게 되었던 것이다. 이 때문에 세금을 함부로 처리했다는 죄로 인사고과 성적이 하(下)가 되었고, 결국 파직되고 말았다.

56세에는 장악원 주부와 창릉령의 벼슬을 받았으나 어머니의 장례 기간이 끝나지 않았기 때문에 부임하지 않았다. 58세에는 전생서 주부에 이어 전의현감의 벼슬을 받았다. 그러나 이듬해에 암행어사가 전의에 출두해 황윤석이 전년도에 처리했던 일을 사적인 감정에 따라 처리한 것으로 여기고 그를 파직시켰다. 파직된 뒤에는 고향으로 돌아가서 후배들을 가르치고 집안의 일들을 정리하며 한양의 정치에도 늘 귀를 기울였다. 그 후 63세에 자신의 집 만은재에서 세상을 떠났다.

옮 긴 이 후 기

《이재난고》와 황윤석을 처음 만난 것은 2005년이었다. 석사 과정에 들어온 지 얼마 되지 않았을 때, 학과에서 이재난고역주사업단이 꾸려졌고 내게 동참할 수 있는 기회가 주어졌다. 그래서 여러 선배 선생님들과 일주일에 한 번씩 모여 번역하고 교정하는 작업을 3년간 지속했다. 이 과정 속에서 자연스레 필자의 석사 논문은 이재 황윤석의 한시를 주제로 작성되었다.

이후 박사 과정에 진학해서도 황윤석의 한시와 《이재난고》를 쳐다보면서 지냈다. 시간이 쌓이면서 작은 연구 성과들이 나왔고, 2018년 2월에는 황윤석의 '서행한시'를 주제로 해서 박사학위 논문을 제출했다. BK21＋사업의 Post-doc 일을 하면서 바삐 지내던 어느 날, 지도 교수님께서 그간 번역한 황윤석의 한시를 책으로 출간해 보는 게 어떻겠냐고 권유하셨다. 이 권유를 계기로 《이재 시선 1》이 세상에 나오게 되었다.

《이재 시선 1》이 세상에 나온 지 1년 만에 다시 《이재 시선 2》를 탈고하게 되었다. 얼마나 많은 분들이 《이재 시선

2)》에 관심을 가져 주실지 모르겠다. 하지만 황윤석의 시를 통해 독자들이 자신의 삶에 대해 다시 한번 성찰해 볼 수 있는 계기를 마련하면 좋겠다는 바람을 가지고 번역 작업을 마무리했다.

《이재난고》를 통해 황윤석의 한시를 처음 만났던 2005년부터, 지금 후기를 쓰고 있는 이 순간까지 여러 분들이 옆에서 필자가 가야 할 길을 묵묵히 응원해 주고 계신다. 이 지면을 통해 지도 교수이신 김승룡 선생님을 비롯한 한문학과의 선생님들, 부모님과 장모님, 사랑하는 아내 이성희에게 감사의 마음을 전한다. 끝으로 어려운 출판 환경에서도 불구하고 거친 원고를 예쁘게 엮어 간행해 준 지만지한국문학에 고마운 마음을 전한다.

옮긴이에 대해

옮긴이 이상봉은 1974년 부산에서 태어나 부산대학교 한문학과를 졸업하고 동대학원에서 석·박사 과정을 마쳤다. 석사 과정 중에 이재난고 역주사업단에서 일하면서 호남 지식인 황윤석을 처음 알게 되었다. 이것이 계기가 되어 황윤석의 한시를 대상으로 석·박사 논문을 썼다. 이후에도 황윤석을 비롯해 부산 지역 한시·《시경》등에 지속적인 관심을 갖고 연구하고 있다. 저역서에《역주 이재난고》(전20권, 공저, 2015),《이재난고의 풍경과 서정》(2022),《이재 시선 1》(2022) 등이 있고, 주요 논문에 〈청년 황윤석의 한시에 나타난 경세(經世) 포부와 자기반성〉(2014), 〈황윤석 한시에 나타난 가족애의 양상-〈월주가〉를 중심으로〉(2015), 〈황윤석과 민어(民魚), 그 수수(授受)의 의미〉(2015), 〈이재 황윤석 한시의 두보 시어 활용 양상〉(2015), 〈이재 황윤석의 아내와 소실(小室)에 대한 사랑〉(2016), 〈이재 황윤석 한시의 '사(絲)' 의상(意象) 운용 양상〉(2017), 〈흥상(興象)의 구체적 의미에 대한 연구〉(2018), 〈'풍신(風神)'의 용례에 대한 일고(一考)〉(2020), 〈〈관저(關雎)〉의 수용 양상과 주요 논의에 관하여〉(2020), 〈〈녹명(鹿鳴)〉의 수용 양상과 주요 논의에 관하여〉(2020), 〈해운대의 추억 – 한시에 형상화된 해운대〉(2021), 〈현감직에 대한 황윤석의 갈망과 소회〉(2022), 〈부산 동래의 기억 – 정추의 동래 회고(東萊懷古)에 대하여〉(2022), 〈《시경(詩經)》·〈종사(螽斯)〉의 활용 양상에 대해서〉(2023) 등이 있다. 현재 부산대학교 교양교육원과 한문학과에서 교양과 전공 강의를 하고 있다.

지역 고전학 총서

이재 시선 2

지은이 황윤석
옮긴이 이상봉
펴낸이 박영률

초판 1쇄 펴낸날 2024년 2월 20일

지만지한국문학
출판등록 제313-2007-000166호(2007년 8월 17일)
02880 서울시 성북구 성북로 5-11
전화 (02) 7474 001, 팩스 (02) 736 5047
commbooks@commbooks.com
www.commbooks.com

ⓒ 이상봉, 2024

지만지한국문학은
커뮤니케이션북스(주)의 한국 문학 출판 브랜드입니다.
이 책은 저작권자와 계약하여 발행했으므로, 본사의 서면 허락 없이는
어떠한 형태나 수단으로도 이 책의 내용을 이용할 수 없습니다.

ISBN 979-11-288-9284-4 94810
979-11-288-6597-8 94810(세트)

책값은 뒤표지에 있습니다.